1분 설명력

1분 설명력

똑 부러지는 사람으로 기억되는 　　　　　사소한 말습관

사이토 다카시 지음
장은주 옮김

한국경제신문

나는 왜 설명만 하면
횡설수설하는 걸까?

설명을 잘하는 사람은 신뢰를 받을 뿐 아니라 주변 사람들까지 행복하게 해준다. 핵심을 콕 집어 간결하게 말할 뿐 아니라 정확한 예시와 비유로 알기 쉽게 이야기해주므로 그의 메시지를 이해하기 위해 골머리를 앓을 필요가 없기 때문이다.

그런데 의외로 설명력을 제대로 갖춘 사람은 보기 힘들다. 경험을 바탕으로 구체적인 수치를 말하자면, 거의 90퍼센트에 이르는 사람이 만족할 만한 설명을 하지 못한다.

우리는 어릴 때부터 나름의 방식으로 자기 생각을 이야기해왔다. 주장을 하든 요청을 하든, 말을 할 때는 설명이라는 과정이 꼭 필요하다. 하지만 자라면서 은연중에 익힌 방식만으로는 설명의 달인이 될 수 없다. 나는 오랫동안 대학에서 학생들을 가르쳤는데, 트레이닝을 따로 하지 않는 한 저절로 몸에 배지 않는 것이 설명력임을 분명히 알게 됐다.

앞으로 자세히 소개하겠지만, 나는 학생들에게 매주 하나의 주제에 관해 '1분 만에 설명해보라'는 과제를 내고 발표를 시킨다. 처음에는 대부분이 제대로 해내지 못한다. 서두가 길어져 정작 할 말을 다 하지 못하고 1분을 넘겨버리는 학생이 많다. 그런가 하면, 듣는 사람이 이해하기 쉽도록 풀어주지 못하고 자기 머릿속에 있는 결론만 너무 간략히 말해 30초도 안 돼 끝내버리는 학생도 있다.

어쩌면 당연한 일인지도 모른다. 학생들은 지금까지 스톱워치로 시간을 재면서 핵심을 과부족 없이 설명하는 트레이닝을 한 적이 없기 때문이다. 고등학교까지 12년 동안 학교에서 치른 시험도 문제지를 보고 답을 적어내는 것뿐이었기에 구두로 설명할 기회 자체가 별로 없었다. 그래서 설명에 대한 감각이 부족하다.

학생들만 설명력 부족의 문제를 겪는 건 아니다. 어른, 아이 대부분이 그렇다. 사회에 나가 직장생활을 할 때나 일상적인 대화를 나눌 때, 복잡한 것을 잘 정리하여 알기 쉽게 설명하면 '머리가 좋은 사람'이라는 평가를 받는다. 하지만 핵심이 무엇인지 도무지 알 수 없게 두서없이 이야기하면 '말주변이 없는 사람'이라는 부정적인 꼬리표가 붙는다. 당연하게도, 그런 꼬리표가 달린 사람은 신뢰받지 못한다.

자신이 이런 상황에 처했다는 사실을 깨닫고 어떻게든 설명력을 키우고자 하는 사람은 그나마 다행이라고 할 수 있다. 좋은 소식은 트레이닝을 통해 설명력 향상이 가능하다는 것이다. 그런데 대부분 사람이 어떻게 해야 하는지 구체적인 방법을 알지 못해 답답해한다.

이 책이 바로 그런 사람들을 위한 친절한 지침서가 될 것이다. 이 책은 설명력을 익히지 않은 대다수 사람을 대상으로 어떻게 하면 능숙하게 설명하는 힘을 키울지에 집중한다. 막연한 이론이나 뜬구름 잡는 얘기가 아니라 실제로 내가 대학에서 학생들에게 수업하는 내용을 바탕으로 썼다.

이 책 자체를 설명력 트레이닝 수업이라 생각하고 읽기 바란다. 항목마다 구체적인 힌트와 트레이닝 메뉴를 넣었으니 혼자서 수업을 하기에 딱 좋은 교재가 될 것이다. 단 1분의 설명을 하더라도 트레이닝을 한 것과 안 한 것의 차이는 분명히 보인다. 서너 번만 반복해서 연습해도 어느샌가 잘하게 된다. 나는 해마다 제자들이 몰라보게 향상된 설명력을 갖추고 졸업하는 모습을 지켜봐왔다.

지금까지 별다른 의식 없이 설명을 해왔다면, 핵심을 의식하며 설명해보라. 우선은 그것만으로도 설명력이 단번에 향상된다. 전혀 어렵지 않다. 이 책을 읽고 몇 번만 따라 하면 익힐 수 있다. 예를 들어 '15초 트레이닝'을 연습하면, 15초 감각을 확실히 익히게 돼 이후로는 말이 술술 나온다.

이 책은 4장으로 구성되어 있다.

- 1장에서는 1분 설명력이란 어떤 능력이며 어떤 기술이 필요한지를 이야기한다. 설명을 잘하는 사람을 만나면 왜 똑 부러지는 사람이라고 느끼게 되는지를 밝히고, 설명을 잘한다는 것은 구체적으로 어떤 의미인지 알아본다.
- 2장에서는 훌륭한 설명의 기본 구조를 소개하고 설명의 구성 방식을 제시한다. 이 포맷만 익혀도 설명력이 몰라보게 향상된다.
- 3장에서는 일상에서 설명력을 키우는 트레이닝 방법을 소개한다. 이 트레이닝 방법을 통해 당신의 설명력은 일취월장하게 된다.
- 4장에서는 능숙하게 설명하기 위한 몇 가지 기술과 자료 작성법 등을 소개한다. 이를테면, 설명력의 응용 편이다.

이 책을 읽고 당신도 머리에 쏙쏙 들어오게 이야기해주는 설명의 달인이 되기 바란다.

차례

 1장   좋은 설명은 1분이면 충분하다

2장 — 복잡한 이야기도 쉽게 풀어내는 설명의 공식

3장  일상생활에서 기르는 탄탄한 설명 내공

1

좋은 설명은
1분이면 충분하다

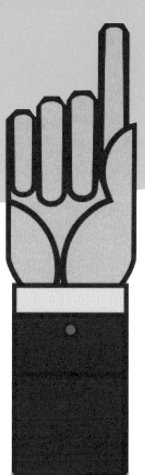

대부분의 사람들이 설명에 서툰 이유

　　설명을 잘하는 사람은 주위를 행복하게 한다. 우리의 삶은 시간 그 자체다. 누구나 자신에게 주어진 시간을 더 효율적이고 가치 있게 사용하고자 한다. 하지만 알다시피 우리는 일상의 모든 시간을 자신의 의지대로만 사용하지 못한다.

　특히 직장에서 가장 심한데, 업무상 장시간 회의나

보고 등으로 아까운 시간을 흘려보냈다며 불평하는 사람이 많다. 나도 회사에 다니는 지인에게 "우리 회사는 쓸데없이 회의가 길어" 또는 "부하직원이 수시로 문젯거리를 들고 오는 통에 일에 집중할 수가 없다니까" 같은 푸념을 듣곤 한다.

이런 문제의 근본적인 원인은 자신의 생각이나 지식을 타인에게 명확하게 전달하는 능력, 즉 설명력 부족에 있다. 회의도 설명이 서툰 사람이 진행하면 쓸데없이 길어진다. 문젯거리를 보고하는 부하직원이 설명을 제대로 하지 못해 중언부언하면, 상사로서는 좀처럼 사태를 파악하지 못해 해결책을 제시하기 어렵다.

설명이 서툴면 주위 사람은 계속해서 시간을 빼앗긴다. 이와 반대로 설명을 잘하면, 정보가 효율적으로 전달되므로 주위 사람의 시간도 절약해주는 셈이다. 이것이야말로 주위 사람의 인생을 낭비하지 않고 행복하게 하는 길이 아닐까.

그만큼 설명력은 우리 생활과 밀접하고 중요하지만, 실제로 설명을 하는 방법을 제대로 익힌 사람은 많지 않다. 대부분 별다른 의식 없이 그냥 머릿속에 떠오르는 대로 이것저것 늘어놓는 식이다. 그래서 어쩌다 짧은 시간에 바로 알아듣도록 설명하는 사람을 만나면 "멋지다!"라는 감탄사가 절로 나온다.

원래 설명력은 날 때부터 우리에게 필요한 능력이다. 특히 초등학교에 입학하면 더더욱 필요해진다. 국어·수학·사회·과학 등의 교과를 학습할 때는 물론이고, 친구들과의 관계를 포함한 생활 전반에 걸쳐 항상 필요하며 일상적으로 사용되는 능력이다. 그런데 설명력은 정식 교과로 개설되어 있지 않고, 그런 과목이 필요하다는 생각을 해본 사람도 아마 없을 것이다. 공기처럼 우리 곁에 당연한 듯 있었기에 대부분 사람이 특별히 단련해야 하는 능력이라고 생각하지 않기 때문이다.

그런 까닭에 일류 기업에 입사한 엘리트, 심지어 유수 대학의 교수들 중에서도 설명을 해야 할 때 말을 더듬는 사람이 의외로 많다. 어떻게 말해야 할지 몰라 "그게 그러니까…, 아니 내 말은…" 같은 말을 중얼거리곤 한다.

이런 일은 설명과 시간을 연관 지어 생각하지 않기 때문에 생긴다. 기본적으로 설명력과 시간 감각은 세트로 의식해야 한다.

설명력을 구성하는 요소에는 몇 가지가 있지만, 가장 우선해야 하는 것이 시간 감각이다. 현대 사회에서 우리는 항상 시간에 쫓기며 살아간다. 그러므로 타인과 커뮤니케이션할 때 의미를 분명히, 효율적으로 전해주면 주위에서도 고마워한다.

주위 사람의 시간을 절약해주어 행복에 공헌한다는 생각으로, 항상 시간을 의식하고 설명력을 갈고닦으면 뛰어난 능력을 인정받을 수 있다.

설명을 잘하는 사람은 주위 사람의 인생을 낭비하지 않고 행복하게 한다.

설명력에서 지성을 엿보다

　　　　　　　　무심한 대화, 그중에서도 뭔가를 설명하는 상황에서 그 사람의 지성이 슬쩍 엿보이는 순간이 있다.

　왜 설명할 때 지성을 엿볼 수 있을까. 머리가 좋다고 인정하는 몇 가지 핵심 중에 많은 사람이 척도로 삼는 것이 이해력이어서다. 꼬인 것을 잘 풀어서 이해하는 사람, 복잡한 의미가 머릿속에 잘 정리된 사람을 볼 때 보통 머리가 좋다고 생각한다.

이 이해력은 특히 누군가에게 뭔가를 설명할 때 빛을 발한다. 이해력이 뛰어난 사람은 복잡한 것도 간결하게 설명하고, 자기 나름대로 알기 쉽게 순서를 세워 구성한다. 일테면 상대성 이론이나 중력파를 알기 쉽게 설명하는 사람이 있다면, 누구든 그가 머리가 좋다고 평가할 것이다.

그런데 자신은 잘 알고 있는지 모르겠으나, 이것 조금 설명하다가 금세 다른 것으로 넘어가 그것 조금 설명하는 식으로 우왕좌왕하면 듣는 사람은 안갯속을 헤매듯 불안해진다. 아는 게 많은 사람이라도 절대 지적이라는 인상을 주지 못한다.

예를 들어 어떤 문제가 발생했을 때, 이해력이 뛰어난 사람은 "이렇게 하면 됩니다"라고 본질적인 부분이나 결론부터 말한다. 하지만 설명하는 능력을 갖추지 못한 사람은 말을 빙빙 돌려 횡설수설하거나 다음에 할 말을 겨우겨우 찾아가며 이야기한다. 그런 상황에서는 듣는 사람이 '자세히 설명하긴 하는데 도무지 뭘 말하려 하는지 모르겠다'라고 생각할 수밖에 없다.

알기 쉽게 설명하려면, 자신이 먼저 설명할 대상의 요점을 파악하고 체계를 세워 이해할 필요가 있다. 즉 '요약 능력'이 필요하다는 얘기다. 한정된 시간에 과부족 없이 의미를 전하려면 높은 수준의 요약 능력을 갖추고 있어야 한다. 핵심을 파악한 사람의 설명은 1분만 들어도 '이 사람은 지식이 풍부해서 이렇게 설명을 잘하는구나!'라는 느낌을 받게 된다.

그렇다고 설명이 서툰 사람이 전부 이해력이 떨어진다는 말은 아니다. 사실 설명력이란 아웃풋을 하는 기술이다. 그 방식을 별로 의식한 적이 없는 사람은 두서없이 어렵게 설명하는 경향이 있다. 대학교수나 연구자, 전문가 중에도 설명이 서툰 사람이 있는데 그런 사람들이 전부 이해력이 떨어지거나 창의적이지 않다는 말은 절대 아니다. 단지 설명이라는 아웃풋 방식을 의식하지 않았을 뿐이다. 게다가 자기 분야의 특성이나 전문성 탓에 명쾌한 설명을 하기 어려운 사정도 분명 있다. 예를 들어 연구자라면 암흑 속을 한 발짝 한 발짝 더듬어 개척해가는 것이 사명인 만큼 일반인을 완전하게 이해시키기 힘든 측면도 있다.

하지만 우리가 일상에서 다루는 설명은 일단 그런 것이 아니다. 설명은 어떻게 보면 기술이므로 의식하고 연습하면 반드시 잘하게 된다. 이 책에서 소개하는 방법으로 연습하면 요약 능력이 높아지고 그에 따라 설명력도 향상된다.

이해력이 뛰어난 사람은 복잡한 것도 간결하게 설명하고, 자기 나름대로 알기 쉽게 순서를 세워 구성한다.

설명에 필요한 3가지
시간 감각, 요약 능력, 예시 능력

지금까지 이야기한 바를 정리하면, 설명력에는 시간 감각과 내용의 핵심을 파악하는 요약 능력이 필요하다. 그리고 또 한 가지, 구체적인 예를 드는 예시 능력이 필요하다.

취업 면접에서 "학생 시절에는 다양한 일을 경험했습니다"라고 말한다면, 분명히 면접관이 "다양한 일이란 예를 들면 어떤 일인가요?"라고 물을 것이다. 이 때 "아르바이트와 공부입니다"라고 막연하게 대답하거나 "이 자리에서 말씀드리기는 조금 곤란합니다만…" 하고 얼버무린다면 어떨까? 면접관에게 자기가 어떤 사람인지 전혀 어필하지 못할 것이고, 면접관도 그런 성의 없는 답변을 하는 사람에게 좋은 점수를 주기 힘들 것이다.

구체적인 예를 드는 능력이 부족하면 설명을 잘할 수 없을뿐더러 상대에게 머리가 나쁘고 사고력이 떨어지는 사람이라는 인상을 줄 수 있다. 그와 반대로, 듣는 사람이 "아하, 그런 말이군요" 하고 바로 이해할 수 있도록 최적의 예를 제시하는 사람은 논리정연하고 머리 좋은 사람이라는 평가를 받는다.

취업을 준비하는 사람은 자기가 어떤 사람인지 조금이라도 더 알리기 위해 자신을 철저히 분석하고 자기소개서를 작성한다. 그런데 자기소개서에 최적의 에피소드로 자신을 알릴 수 있는 사람은 의외로 많지 않다. 따라서 취업 활동을 할 때 구체적인 예로 설명할 수 있는 예시 능력이 뛰어나면, 다른 지원자보다 면접관의 관심을 끌어 높은 점수를 받을 수 있다. 그만큼 에피소드를 활용하는 예시 능력은 단번에 상대를 이해시키는 힘이 있다. 아무리 요점을 파악하여 간결하게 설명해도 추상적인 내용으로 일관하면 상대는 웬만해선 이해하지 못한다.

설명력은 다음 세 가지 힘으로 구성된다.

1. 시간 감각
2. 요약 능력
3. 예시 능력

설명력을 향상시키는 가장 효율적인 방법은 이 세 가지 능력을 갈고닦는 것이다. 지금부터 그 부분을 중심으로 구체적인 방법을 소개하겠다.

최적의 예를 제시하는 사람은
논리정연하고 머리 좋은 사람이라는 평가를 받는다.

시간 감각
하고 싶은 말을 하는 데는
1분이면 충분하다

시간 감각을 단련한다는 것은 곧 자기가 하는 말을 시간으로 관리하는 습관을 들이는 것이다. 사람들은 대부분 자기가 1분에 얼마만큼 말할 수 있는지, 15초에 얼마만큼 말할 수 있는지 잘 모른다.

구체적인 방법은 2장 이후에 설명하겠지만, 나는 학생들에게 5초, 15초, 1분 단위로 ○○에 관해 설명하라는 과제를 낸다.

이 연습을 매주 하여 5회차 정도 되면, 그 시간에 얼마만큼 이야기할 수 있는지 감각으로 알게 된다.

15초 단위에 얼마만큼 말할 수 있는지 알게 되면, 15초를 4개로 조합하여 1분을 구성할 수 있다. 연습을 통해 매우 알찬 1분짜리 설명이 가능해진다.

회의 때 진행자가 "마지막으로 한 말씀 부탁드립니다"라고 하면, 보통 15초에서 길어야 1분 정도다. 그런데 너무 빨리 말해 주위 사람을 초조하게 만드는 것도 시간 감각이 없기 때문이다.

시간 감각이 단련되면 "1분만 발언할 기회를 주십시오" 하고 손을 번쩍 든 후 딱 1분에 맞춰 논리정연하고 속이 꽉 찬 발언을 할 수 있다.

이런 능력은 시간을 측정하여 트레이닝하지 않으면 절대 몸에 배지 않는다. 따라서 연습 여부에 따라 현격한 차이가 난다. 또한 연습하면 의외로 즉시 효과가 나오는 부분이기도 하다.

자기가 하는 말을 시간으로 관리하는 습관을 들이자.

요약 능력
최소한의 핵심만 정확히 짚는다

요약 능력이 뛰어나면 대상의 본질을 정확하게 파악할 수 있다. 단시간에 설명해야 할 때는 강렬한 하나의 문구로 설명할 수 있고, 어느 정도 시간이 있다면 본론을 먼저 제시하고 각론으로 들어갈 수도 있다.

설명이 서툰 사람은 핵심에 이르기까지 빙빙 돌아

가는 경향이 있다. 도착해야 하는 곳이 시청인데, 그 도시의 온갖 골목을 한참 뒤진 다음에야 시청에 다다르는 설명을 하는 식이다. 그러면 시간이 오래 걸리기에 듣는 사람이 전체적인 이미지를 떠올리기 어렵다. 또한 핵심이 뭔지도 알 수 없다. 먼저 핵심을 명시하고 설명을 시작하면, 상대도 이야기가 어디로 가는지 이해하고 편안하게 들을 수 있다.

알기 쉬운 설명이란, 헬리콥터로 목적지에 직접 내려주는 것과 같다. 먼저 사물의 본질과 핵심부터 명시하고 매끄러운 화법과 간략한 구성으로 최소한의 시간에 완결하는 것이 능숙한 설명이다.

강연 의뢰를 받고 사전 미팅을 할 때면 항상 시간이 여의치 않아 애를 먹는다. 그런데 어렵게 시간을 낸 자리에서 상대가 자기 회사 개요부터 장황하게 늘어놓으면 나도 모르게 맥이 빠진다. 그럴 때는 내가 먼저 상대의 설명 방향을 튼다. "제가 어떤 주제로 이야기하면 좋을까요?"라고 질문해 본론으로 들어가게끔 유도한다.

설명이 서툰 사람은 본질적인 부분이나 상대가 듣고 싶어 하는 부분이 아니라 자기가 하고 싶은 이야기를 우선적으로, 중점적으로 설명하는 경향이 있다. 알기 쉽게 설명하려면 먼저 핵심이 어디인지, 상대가 알고 싶어 하는 부분은 어디인지 파악해야 한다. 상대가 무엇을 바라는지 알아내야 본질도 쉽게 찾아낼 수 있다.

알기 쉬운 설명이란,
헬리콥터로 목적지에 직접 내려주는 것과 같다.

궁극의 설명은
한 단어로 완결하는 것

요약 능력을 단련하면 한 단어만으로
도 상대를 이해시킬 수 있다. 한 단어로 본질을 파악
하고 채 1초도 되지 않아 기가 막히게 대상을 표현한
다면, 이것이야말로 궁극의 설명이 아닐까.

한 예로, 세계적인 불교학자 스즈키 다이세쓰(鈴木大
拙)의 에피소드를 소개하겠다. 1870년생인 스즈키가

활약하던 시절에는 일본 이외의 나라에서 선(禪)에 대한 이해가 거의 없었는데, 그런 시대에도 그는 영어로 선과 관련한 책을 많이 펴냈다.

스즈키는 "선을 하나의 영어 단어로 표현한다면 무엇일까요?"라는 질문에 "let"이라 답했다고 한다. 'let'은 '그냥 그대로 두다'라는 의미로 'Let it be'는 '그것을 그냥 그대로 두라'라는 의미다. 선이란 '내가 무엇무엇을 한다', '이렇게 저렇게 한다'라는 것이 아니라, 자신을 없애고 없애 그 상태로 그냥 두는 것임을 'let'이라는 한 단어로 표현한 것이다.

독일의 철학자 오이겐 헤리겔(Eugen Herrigel)의 《마음을 쏘다, 활》이라는 책에도 활쏘기와 선은 하나임을 설명하는 대목이 나온다.

활과 화살 그리고 내가 하나 되는 순간에 이미 나는 존재하지 않는다. 내가 활을 쏘는 것이 아니라 그것이 나를 쏘았다.

여기서 '그것'은 영어로 'it'이다.

영화 〈겨울왕국〉의 주제곡으로 유명한 〈렛잇고(let it go)〉도 또 다른 예다. 여기 나오는 'it'은 지금까지 억눌렸던 힘이나 생각을 가리키며, 'let'은 그것을 '그냥 두라'라는 의미다.

이처럼 '그대로 두라'라는 의미로 쓰이는 'let'이라는 단어 하나로 선을 설명하다니, 그야말로 예술의 경지 아닌가. 추상적이고 이해하기 힘든 개념을 누구나 아는 한 단어로 세련되게 표현했다.

본질을 표현하는 하나의 문구, 캐치프레이즈를 만드는 것은 설명의 기술에서도 매우 중요하다. 그런 의미에서 다이세쓰의 에피소드는 궁극의 설명을 보여주는 좋은 본보기다. 그 수준까지는 미치지 못하더라도 우리 역시 본질을 이해하여 선명한 한마디로 설명하는 능력 정도는 익혀야 하지 않을까.

그런데 사랑이나 인생 같은 개념은 누구도 한마디로 설명하기 어렵다. 수업을 하면서 학생들에게 추상적인 주제를 제시하고 한마디로 설명하라고 하면 '음악은 사랑이다', '예술은 사랑이다' 같은 답을 말하곤 한다. 사실 사랑을 갖다 붙이면 어떤 것도 다 말이 된다. 하지만 그것으로 '설명'을 했다고 할 수 잇을까? 아마도 듣는 사람이 백이면 백, 다 다르게 받아들일 것이다.

　　이는 말하는 사람이 그 사물의 본질을 이해했다고 할 수 없을뿐더러 듣는 사람도 자신이 정확히 이해했는지 알 수가 없게 된다. 한마디로 설명하려면 그만큼 대상을 깊이 이해해야 한다.

추상적 개념을 선명한 하나의 문구로 설명하라.

많이 설명한다고 많이 이해시킬 수 있는 것은 아니다

설명이 서툰 사람은 요약도 어려워하는 경향이 있다. 대상의 본질을 명확히 파악하여 핵심을 짚어내는 데 서툴기 때문이다.

요약을 할 때는 되도록 적은 문장 또는 단어로 압축하는 것이 중요하다. 설명할 게 많아도 과감하게 버리는 것이 설명을 잘하는 비결이다.

《논어》를 예로 살펴보자. 《논어》는 유교의 근본으로, 2,500년 전 중국의 성인 공자의 말씀을 제자들이 정리한 언행록이다. 20편으로 이뤄진 한 권의 책인데, 내용 하나하나가 주옥같아서 요약하기가 만만치 않다.

나는 지금까지 《논어》를 현대어로 번역한 책 등을 포함하여 《논어》 관련 서적을 10권 이상 출간했기에 그 내용을 상세히 알고 있다. 그래서 《논어》에 관해 설명해달라고 하면 아무래도 말이 길어진다. 이는 전문가가 빠지기 쉬운 덫이다. 듣는 사람은 한 번에 많은 정보를 들으면 머리만 복잡할 뿐 이해하기도 어렵고, 뒤로 갈수록 초반에 들은 것은 대부분 잊어버린다.

이를 잘 알기에 《논어》를 처음 접하는 사람에게 어떻게 설명해야 할지를 나름대로 연구했다. 《논어》를 읽은 적이 없는 사람, 즉 《논어》에 관한 지식이 전혀 없는 사람에게 설명할 때는 철저하게 압축해서 이야기한다. 상대가 기억할 만큼 핵심을 짚어주는 것이 요령이다.

일테면 '인의예지효제충신(仁義禮智孝悌忠信)'이라는 구절이 있다. 덕(德)에 관해 말하는 부분인데, 이것을 전부 설명하려면 너무 깊이 들어가게 되므로 내용을 이해하기 어려워진다. 보통 사람에게는 덕의 숫자도 많게 느껴질 것이다.

그래서 나는 간략히 이렇게 설명한다.

- 압축 설명: "공자는 지인용(知仁勇)에 대해 말했습니다."
- 부연 설명: "지(知)는 지성 즉 판단력이고, 인(仁)은 성실함 즉 상냥함이며, 용(勇)은 용기 즉 행동력입니다."
- 마무리 설명: "하지만 '지인용'을 전부 갖추기란 결코 쉬운 일이 아니기에 공자는 지인용 이 세 가지를 평생에 걸쳐 추구해야 한다고 말했습니다."

이렇게 설명하면 다들 어렵지 않게 이해하며, 핵심을 오래 기억한다.

또한《논어》에는 '지자불혹 인자불우 용자불구(知者不惑 仁者不憂 勇者不懼)'라는 말도 나온다. '지혜로운 자는 판단력이 있어 미혹되는 일이 없고 망설이는 일도 없다. 어진 자는 성심을 다하기에 근심이 없고 미련을 두지 않는다. 용감한 자는 용기가 있으니 두려워하는 법이 없다'라는 의미다. 공자는 이 말을 '지인용'이라는 한마디로 요약하여 바로 전해지도록 했다.

공자, 석가모니, 예수의 위대한 점은 이처럼 분명한 한마디로 의미를 전했다는 데 있다. 대단히 능수능란한 설명력을 갖췄다고나 할까. 과유불급이라고 하듯이, 요약한 한마디 한마디가 넘치지도 않고 모자라지도 않는 명언이 되어 후세에 길이 전해지고 있다.

좋은 말이라고 해서 많이 설명하려 하면, 듣는 사람은 오히려 이해하기 어려워진다. 그래서 나는 다들 기억할 만한 선에서《논어》를 '지인용' 세 가지로 압축하여 설명한다. 물론 무턱대고 다른 것을 버린 게 아니라, 이 세 가지가 핵심이라고 생각했기 때문이다. 유교에서는 세 가지 덕을 '삼덕(三德)'이라 부르는데, 이때도 '지인용'을 꼽는다.

'지'도 이해하고 '인'도 이해하고 '용'도 이해했다면, 일단 공자가 전하고자 했던 말의 핵심은 파악했다고 볼 수 있다.

앞서 말했듯이, 설명이 서툰 사람은 핵심을 압축하는 것도 서툴다. 전하려는 게 많다 보니 설명이 너무 복잡해져 결국 핵심이 무엇인지, 어떤 내용인지 상대에게 제대로 전하지 못한다. 상대가 기억할 만큼만 핵심을 압축해도 설명력은 급격히 향상한다.

설명할 게 많아도 과감하게 버리는 것이
설명을 잘하는 비결이다.

핵심은 3가지로 압축한다

설명을 잘하는 사람은 설명할 핵심을 압축하는 데에도 뛰어나 버릴 것과 취할 것을 잘 판단한다. 버리려면 과감함이 필요하다. 웬만해선 전부 이야기하는 게 나을 것 같아 주저하게 되기 때문이다.

그래서 나는 내용을 요약할 때 반드시 핵심을 세 가지로 압축하라고 한다. 세 가지라는 명확한 기준을 정해두면 다른 요소를 버리기가 한결 수월하다. 핵심이 네 가지 이상이면 분명 그 설명은 어려워진다. 상대가 기억할 만큼만 압축하여 설명해야 제대로 이해시킬 수 있다.

이전에 하버드식 협상법을 주제로 변호사와 함께 책을 낸 적이 있다. 원래 하버드식 협상법에는 일곱 가지 핵심과 키워드가 있다. 하지만 일곱 가지를 전부 활용하기란 현실적으로 불가능하다고 생각했다. 변호사는 그런 방면에 익숙해서 괜찮지만, 일반인은 무리라는 판단이 들었다. 그래서 공동 저자인 변호사와 의논한 끝에 일곱 가지 핵심 중에 더 중요하고 활용도가 뛰어난 세 가지만 다루기로 했다.

그 세 가지는 '이익', '옵션', '바트나(BATNA, Best Al-ternative To a Negotiated Agreement)'다.

첫 번째, 협상할 때는 서로의 이익을 최대화할 수 있도록 합의해가는 것이 중요하다는 의미에서 이익이 핵심이 된다. '이런 이익이 생길 수 있다', '이렇게 하면 부차적으로 이것도 이익이 될 수 있다', '우리는 이런 이익도 제공한다' 등의 형태로 이익에 착안하여 그것을 중심으로 협상을 마무리하는 사고방식이다.

두 번째는 옵션으로, 다른 선택지를 마련하는 것이다. 한 가지 제안만이 아니라 다양한 선택지를 마련하여 그것을 조합해가면서 합의에 이르는 사고방식이다.

마지막으로 바트나는 협상이 결렬되었을 때 제시할 수 있는 최선의 대안을 말한다. 예를 들어 납품 조건을 두고 협상을 벌인다고 해보자. 우리 회사가 제시하는 안은 일주일에 1,000개를 납품하는 것인데, 상대 회사에서는 2,000개가 필요하다고 한다. 생산 라인 등 여러 가지 여건상 무리가 있으므로 상대 회사의 조건을 선뜻 받아들일 수 없는 상황이다. 이럴 때 수량을 맞출 방안이 있다면, 그에 상응하는 요구를 더해 안을 제시할 수 있다. 예를 들면 야간 작업을 해야 하거나 협력사의 도움을 받아야 하므로 납품 단가를 인상하는 안이 있을 것이다. 협상이 결렬될 상황에 대비해 다음 대책을 마련해두면, 마음에 여유가 생겨 유리한 조건으로 협상을 이끌 수 있다.

그 책에서는 '심플 협상법'이라는 이름으로 세 가지 핵심에 관해 설명했다. 이 세 가지도 이익, 옵션, 바트나 순으로 우선순위를 정해 제시했다. 그러면 머릿속에 중요도가 정리되어 읽는 사람도 훨씬 이해하기가 쉽다. 세 가지 핵심을 나란히 늘어놓고 설명하는 것보다 우선순위를 명확히 제시한 후 각각의 연관성을 이야기하면 듣는 사람의 이해도가 훨씬 높아진다.

어떤 일에 대해 설명하거나 프레젠테이션을 할 때는 먼저 핵심을 세 가지로 압축하자. 그리고 그 세 가지의 우선순위까지 제시한다면 상당히 알기 쉬운 설명이 된다.

내용을 요약할 때 세 가지라는 명확한
기준을 정해두면 다른 요소를 버리기가 한결 수월하다.

보디랭귀지로
설명의 효과를 높인다

나는 강연에서 《논어》를 이야기할 때 한 가지 묘안을 짜내어 설명한다.

"공자가 말한 것은 지인용입니다"라고 설명하면서 모두에게 손바닥을 펴 '지인용'에 해당하는 신체 부위에 직접 대보게 한다. 그리고 "거기가 지, 인, 용의 자리입니다"라고 말한다.

- '지'는 지성이므로 전두엽이 자리하는 이마 부분에 손바닥을 댄다.
- '인'은 상냥함이므로 가슴에 손바닥을 댄다.
- '용'은 용기이므로 단전, 즉 배꼽 아래에 손바닥을 댄다.

그러면 듣는 사람도 '역시 전두엽은 지성이라서 중요해', '진심은 마음에 있는 법이지', '예로부터 용기는 배꼽 아래에서 나온다고 했어'라고 생각하거나 떠올릴 수 있다. 이처럼 자신의 경험과 지식이 설명과 이어지면 단번에 이해되고 기억에 남는다.

여기서는 유교의 추상적 개념을 이마나 가슴 등에 직접 손을 대보는 신체 감각과 연관 지어 알기 쉽게 설명했다.

뛰어난 설명은 듣는 사람에게 '이해했다는 느낌'이 확실히 들게 한다. 듣는 사람의 경험이나 지식을 환기하거나 신체 감각과 연관 지어 알기 쉽게 설명하면

'충분히 이해했다는 느낌'을 줄 수 있다. 이 방법은 능숙한 설명을 하기 위한 플러스알파의 노하우다.

자신의 경험과 지식이 설명과 이어지면
단번에 이해되고 기억에 남는다.

예시 능력
전혀 모르는 것을
대략 아는 것으로 설명한다

　　　　　　　설명력의 3요소 중 하나는 예시 능력이다. 예시란, 상대가 전혀 알지 못하는 것을 대략 알고 있는 것에 빗대어 말하는 설명의 기본 기술이다.

　스즈키 다이세쓰가 '선'이라는 추상적인 개념을 명쾌하게 설명한 덕분에 지금은 프로 농구 선수인 마이클 조던 같은 미국 스포츠 선수들도 선에 대해 알고 있다.

조던은 시카고불스에서 두 번이나 3연패를 달성했는데, 필 잭슨 감독이 "마이클 조던은 선의 마스터"라는 말을 늘 했다고 한다. 1점 차로 지고 있는 시합, 남은 시간은 5초인 상황에서 공이 조던에게 넘어갔다. 그의 슛이 들어가지 않으면 패하는 절박한 순간이다. 이때도 조던은 냉정함을 잃지 않았다. 그것이야말로 선 마인드이며, 조던이 그런 선 마인드를 지녔다고 필 잭슨 감독은 설명했다.

선이라는 개념과 마찬가지로 깨달음을 얻은 상태, 냉정한 상태가 어떤 것인지 전하기란 여간 어려운 일이 아니다. 스즈키는 이것을 영어로 어떻게 옮겼을까. 그는 다도나 검도 같은 일본의 다양한 문화를 선과 연관 지어 설명했다. 외국인들도 다도나 검도는 대략이나마 알고 있으므로, 그처럼 집중하고 고요한 상태를 선과 연관 지어 설명한 것이다.

상대가 전혀 모르는 것은 아무리 자세히 설명해도

이해시키기 어렵다. 그런데 선에 관해 설명할 때 '이러이러한 것도 선이다'라고 예시를 들어주면 상대도 쉽게 이해한다.

"농구 경기 중 몇 초밖에 남지 않은 상황에서 보통 사람이면 정신적으로 무너지기 쉽지만, 조던은 냉정함을 잃지 않았다. 그가 바로 선의 마스터다"라고 말하면, 듣는 사람은 선을 알지 못해도 조던이 보여준 그 최고의 냉정함이 선이라는 걸 이해한다. 그의 주위만 정적의 시간이 흐르는 듯한, 어쩌면 그것이 선일지도 모른다. '그렇다면 선은 우리 주위에도 있어 실제로 보고 느낄 수 있는 것'이라고 이해할 수 있다.

설명하려는 것이나 물건이 이미 이런 곳에도 있다는 식으로 알려주면, 바로 알기 쉬운 설명이 된다. "당신은 이미 선 자체입니다"라고 말하면 더 알기 쉽다. 선이나 깨달음을 설명하기는 어려워도 "당신의 지금 그 상태가 깨달음입니다"라고 말하면 쉽게 와닿는다.

《임제록》은 선가(禪家) 5종의 하나로 일컬어지는 임제종(臨濟宗)의 시조 임제의 언행이 담긴 책이다. 이 책에는 다음과 같은 일화가 나온다.

어느 날 제자들이 임제에게 "깨달음이란 무엇입니까?", "부처는 어디에 있습니까?"라고 물었다. 그러자 임제는 "그것을 찾아다니는 너희 머릿속에 있다"라고 말했다. 깨달음이나 부처는 찾아다니는 것이 아니라 '너 자신이 바로 부처'라는 말에 제자들은 깨달음을 얻었다고 한다.

이 일화도 이해하기 어려운 것을 기존의 아는 것을 이용하여 '즉 이런 것이다'라고 설명한 예라고 할 수 있다.

예시란, 상대가 전혀 알지 못하는 것을 대략 알고 있는 것에 빗대어 말하는 설명의 기본 기술이다.

예시 하나로
설명을 끝내는 기술

예시를 잘 드는 사람은 장황한 설명 없이 가장 적합한 하나의 예로 깔끔하게 설명을 마친다. 특히 추상적이거나 일반화하기 어려운 복잡한 내용을 설명할 때는 꼼꼼하게 오래 설명하기보다 '예를 들면 이렇다'라고 하는 방식이 시간도 절약하면서 상대를 바로 이해시킬 수 있다.

일전에 내가 좋아하는 작사가 마쓰모토 리쿠(松本隆)와 함께 방송에 출연한 적이 있다. 마쓰모토는 수많은 히트곡을 탄생시킨 사람이다.

그 방송에서 진행자가 마쓰모토에게 "어떻게 그처럼 멋진 가사를 쓸 수 있나요?"라고 질문했는데, 사실 이 질문에 대한 답은 매우 어렵다. 작사란 재능이나 감성 같은 추상적인 것들로 이뤄진 작업이라 말로 표현하기 어렵고, 각각의 곡이 전혀 다른 복잡한 작업이다. 그것을 일반화하여 '이렇다'라고 표현하기란 결코 쉽지 않다.

그때 마쓰모토는 자신의 작품 중 하나로 킨키 키즈가 불러 히트한 〈유리 소년〉이라는 곡을 예로 들며 "이 곡은 이런 이미지로 만들었습니다"라고 설명했다. 〈유리 소년〉의 가사는《금색야차》[오자키 고요(尾崎紅葉)가 쓴 메이지 시대의 대표적인 소설로, 배금주의를 풍자했다–옮긴이]에서 영감을 얻었다고 한다. 가사를 보면 '보석'이라 써놓고 '돌'이라고 부르며 '보석에 마음을 팔아넘긴다'

라는 표현이 나온다. 누가 봐도 간이치 오미야(《금색야차》의 주인공-옮긴이)가 연상되는 대목이다.

이처럼 "이 곡은 이런 식으로 만들었습니다", "여기에서 영감을 얻었습니다"라고 설명하면 듣는 사람도 '역시 그랬군. 어쩐지 그런 느낌이 들었어!'라고 바로 감이 온다.

그런데 작사 과정을 미주알고주알 설명하거나 그 방법을 일반화하여 말하면, 오히려 이해하기 어렵다. 무엇보다 상대의 흥미를 끌 만큼 재미있는 이야기가 되지 않는다. 그보다는 누구나 쉽게 떠올리는 구체적인 예를 하나 들면 상대도 훨씬 이해하기 쉽다.

화가에 관해 설명할 때도 마찬가지다. 고흐의 위대한 업적을 작품 전반에 걸쳐 설명하기보다 한 작품을 꼼꼼히 설명해주는 게 더 이해하기 쉽다. TV도쿄 〈미의 거장들〉이라는 방송에서는 "오늘의 그림입니다"라고 하면서 한 작품을 통해 화가의 그림 세계를 30분 정도 소개한다. 만일 많은 작품을 나열하여 보여준다면, 산만한 느낌이 들어 오히려 이해하기 어려웠을 것이다. 또는 계속 말로만 설명하면 실제 그림을 보지 못해 불만이 생길 것이다.

모네의 그림 중에 설경을 그린 〈까치〉라는 작품이 있는데, 이 그림을 설명할 때는 "여기 그림자에 주목해주세요"라고 했다. 보통은 그냥 보고 넘어갈 부분도 정확히 짚어 이야기해주니 시청자들도 더 깊이 이해할 수 있었다.

누구나 쉽게 떠올리는 구체적인 예를 하나 들면 상대도 훨씬 이해하기 쉽다.

오감을 자극하여
단번에 이해시킨다

예시 중에 가장 위력을 발휘하는 것은 실물이다. 설명할 때 실물을 제시하면 분위기가 흐트러지지 않을까 염려하는 사람도 있는데 절대 그렇지 않다. 실물 제시는 설명의 기본 기술이다.

일전에 디자이너 사토 가시와(佐藤可士和)와의 대담에

서 세븐일레븐의 일을 맡게 된 계기를 물어본 적이 있다. 어느 날 세븐일레븐 임원이 사토가 디자인한 휴대 전화가 보고 싶다고 하기에 실물을 보여줬다고 한다. 그러자 그 자리에서 "우리 회사 디자인을 부탁하고 싶습니다"라고 하여 일이 진행되었다고 한다. 세븐일레븐은 전국에 많은 매장이 있는데, 로고 제작과 간판 디자인 등 브랜딩 전반에 걸친 큰일이 눈 깜짝할 새에 결정되었다는 것이다.

만약 사토가 지금까지 많은 일을 해왔다며 실적을 말로 설명했다면 어땠을까? 말만 한없이 길어졌을 것이다. 그런데 실물을 보여줌으로써 단번에 자신의 실적을 어필했다. 이론보다 증거, 그것이 바로 실물의 강점이다.

이번에는 내 책의 편집을 담당했던 편집자의 이야기다. 그가 다른 출판사로 옮겼다고 하길래 요즘같이 힘든 시기에 어떻게 이직할 수 있었느냐고 물어보았다.

그랬더니 경력사원 모집에 지원하여 면접을 볼 때, 지금까지 편집을 맡은 책 중에 판매 부수가 높았던 대표작을 세 권 정도 들고 갔다고 한다. 아니나 다를까 면접관이 "지금까지 어떤 일을 해왔습니까?"라고 물었고, 그는 가지고 간 책들을 보여줬다고 한다.

물론 말로 설명해도 되지만, 일일이 말로 설명하면 요점이 흐려지는 데다 실물이 없으면 상대도 이미지를 떠올리기 어렵다. 하지만 실물을 보여주면 '아, 이 책을 담당했던 사람이군', '이 분야에 강하군. 그렇다면 우리 회사에서도 실력을 발휘할 수 있겠어!'라는 반응을 끌어낼 수 있다.

그 자리에서 실물을 공유하고, 게다가 그 실물을 상대도 알고 있다면 이해는 더 깊어진다.

내가 가르치는 학생의 예를 하나 더 들어보겠다. 나는 대학에서 장래에 선생님이 될 학생들을 가르치고 있는데, 그중 송사리 연구에 푹 빠진 학생이 있었다. 어느 날 그 학생이 다음 강의 때 자신의 연구와 관련하여 발표하고 싶다는 의견을 전해왔다. 그 학생이 송사리를 평생의 주제로 삼고 열심히 연구하고 있었기에 나도 흔쾌히 승낙했다.

발표 당일, 그 학생은 집에서 학교까지 두 시간 거리를 어른이 양팔로 안을 만한 크기의 수조에 송사리를 넣어 전철을 타고 왔다. 나도 다른 학생들도 "정말이 수조를 들고 전철을 탄 거야?" 하며 놀랐지만, 그는 어떻게든 실물을 보여주고 싶었던 모양이다.

발표가 시작되자 그의 생생한 설명이 이어졌다. 듣는 우리도 눈앞에서 직접 송사리를 볼 수 있었기에 분위기가 한껏 고조되었다. "여기 좀 보세요" 하고 눈앞에서 헤엄치는 송사리를 가리키며 설명을 하니 훨씬 이해하기 쉬웠다. 실물이 더해지자 설명이 더 위력을 발휘했다.

실물의 위력은 오감을 자극하는 데 있다. 직접 눈으로

본 것만으로도 상대는 단번에 이해한다. 단번에 이해한다는 의미에서 이 또한 궁극의 설명력이라고 해도 좋다.

예시 중에 가장 위력을 발휘하는 것은 실물이다.

좋지 않은 설명이란

좋지 않은 설명이란 어떤 것일까? 답은 의외로 간단하다. 누구든 서툰 설명으로 애를 먹었던 경험이 한두 번은 있을 것이다. 능숙하게 설명한 일보다 이런 일은 기억에 더 오래 남기 마련이다. 좋지 않은 설명이 어떤 것인지 알면, 그 반대인 좋은 설명이 어떤 것인지 저절로 알 수 있다.

좋지 않은 설명의 대표적인 예는 두꺼운 상품 매뉴얼이다. 상품 매뉴얼은 별로 읽고 싶지도 않고, 처음부터 끝까지 읽는 사람도 없다. 두껍기도 하고 정보량이 너무 많기 때문이다. 더구나 당장 필요하지 않은 정보와 지금 필요한 정보가 뒤섞여 정보를 바로 검색하기도 쉽지 않다. 매뉴얼을 꼼꼼히 읽으면 다 나온다고 하지만, 사실 제대로 설명이 되어 있지도 않다.

알기 쉬운 설명은 가려운 곳을 긁어주는 설명이다. 격화소양(隔靴搔癢)이라는 말이 있다. 신발을 신고 발을 긁는 것처럼 성에 차지 않아 안타까운 상황을 일컫는 말인데, 이처럼 가려운 곳을 긁지 못할 때의 답답함이 느껴진다면 그 설명은 잘못된 것이다. 두꺼운데 정작 찾는 내용도 없다면 던져버리고 싶어질 것이다. 급한 마음에 고객센터에 전화하여 문제를 직접 해결하기도 한다. 사람들이 원하는 건 매뉴얼을 전부 이해하는 게 아니다. 당장 지금 상황에서 어떻게 하면 되는지 해결 방법을 달라는 것이다.

그런 사고방식에 맞춰 최근의 매뉴얼은 문제점에 대응하는 Q&A 부분을 충실히 담고 있다. 사람에 따라 문제를 겪는 상황도 다르고 알고자 하는 정보도 달라지니, 거기에 대응하여 상황별로 검색해 필요한 설명에 이를 수 있게 구성해놓았다.

알고 싶은 정보를 손쉽게 검색할 수 있고, '컴퓨터 화면이 멈췄을 때는 먼저 전원을 껐다가 켜보세요' 또는 '그래도 안 될 때는 이렇게 하세요'라고 화살표 등으로 순서가 표기되어 있다면 아주 좋은 매뉴얼이라고 할 수 있다. 매뉴얼의 예로도 알 수 있듯이, 좋지 않은 설명은 정보가 너무 많고 우선순위도 불명확하여 단순한 정보의 나열밖에 되지 않는 것을 말한다.

능숙하게 설명하고 싶다면 먼저 정보를 정확히 파악한다. 그리고 설명할 내용의 핵심을 세 가지로 압축하여 우선순위를 매기고 나머지는 버린다. 상대의 가려운 곳을 긁어준다는 관점에서 정보를 압축해가는 것이 중요하다.

알기 쉬운 설명은 가려운 곳을 긁어주는 설명이다.

2

복잡한 이야기도 쉽게
풀어내는 설명의 공식

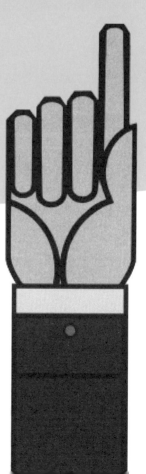

알기 쉬운 설명의
기본 포맷

1장에서는 알기 쉬운 설명이 어떤 것인지, 알기 쉽게 설명하려면 어떤 능력이 필요한지를 알아봤다. 지금부터는 설명력을 향상시키기 위한 좀 더 실천적인 방법을 소개하겠다.

나는 대학에서 교생 실습을 나가는 학생들에게 실습

에 필요한 마음가짐과 주의사항 등을 설명하는 강의를 자주 맡는다. 먼저 교생 실습의 본질적인 부분을 설명하고, 교생 실습을 위한 준비를 세 가지 정도 우선순위를 매겨 이야기한다. 시간 여유가 있으면, 교생 실습에서 실제로 있었던 재미난 에피소드도 이야기하며 설명을 보충한다. 그리고 마무리로 어떻게 교생 실습에 임할지 이야기한 후 설명을 마친다.

이런 설명을 들었던 학생이 졸업을 앞두고 일부러 나를 찾아와 "교수님. 그때 설명이 어찌나 와닿던지, 너무 설명을 잘하셔서 감동했어요"라고 말해준 적이 있다. 나로서는 평소와 다름없이 설명했을 뿐이라 특별히 기억에 남아 있지 않았지만, 그 학생에게는 무척이나 인상 깊었던 모양이다.

능숙한 설명은 기본 구조가 정해져 있다. 그 포맷에 따라 의식적으로 구성해가면 저절로 설명을 잘하게 된다.

계속 반복하다 보면 포맷에 적용하는 방법도 익숙

해져 최종적으로는 의식하지 않아도 저절로 포맷에 따라 설명하는 습관이 생긴다. 설명력은 포맷만 철저히 따라도 금방 향상된다. 당신도 다음의 기본 구조에 따라 설명을 구성해보기 바란다.

능숙한 설명의 기본 구조

- 먼저 한마디로 말하면 ○○입니다.
  →본질을 요약해 한마디로 표현한다. 이를 위해 인상적인 문구를 만든다.
- 핵심은 ○○입니다.
  →핵심은 최대 세 가지로 요약한다. 중요도나 상대가 원하는 우선순위를 반영하여 제시한다.
- 구체적으로 말하면 ○○입니다.
  →예시, 에피소드, 자신의 체험 등으로 보충한다.
- 정리하면 ○○입니다.
  →지금까지 설명한 내용을 최종적으로 정리한다.

언제나 이 포맷에 맞춰 설명한다.

먼저 '제2차 세계대전', '상대성 이론' 같은 주제를 한 가지 정해놓고 실제로 설명하는 연습을 해본다. 이때 반드시 1분 만에 설명을 마칠 수 있도록 한다. 스톱워치를 사용하여 시간이 얼마나 걸리는지 확인하자.

4~5회 연습하다 보면 1분에 어느 정도 분량을 정리할 수 있는지 알게 된다. 왜 1분을 강조하느냐면, 듣는 사람이 가장 간결하고 잘 정리된 설명이라고 느끼는 시간 길이이기 때문이다. 이보다 길어지면 지루해진다. 연습할 때는 먼저 1분을 목표로 간결하게 정리하고 매끄럽게 설명하는 감각을 익힌다.

설명의 기본 구조를 익히면 어떤 설명을 하게 되든 의식하지 않아도 "이 본질을 한마디로 말하면 ○○입니다"라고 자연스럽게 설명을 시작할 수 있다. 이 첫 부분만 듣고도 상대는 분명 당신을 설명의 달인으로 인정할 것이다.

> 설명력은 기본 포맷만 철저히 따라도 금방 향상된다.

책을 활용한
요약 능력 트레이닝

능숙하게 설명하려면 요약 능력이 필요하다고 여러 차례 말했다. 설명하려는 대상이 분명해지도록 요약할 수 있어야 비로소 설명도 잘할 수 있다.

나는 매주 강의 때마다 학생들의 요약 능력을 키워 주기 위해 책 한 권을 A4 용지 한 장에 정리해 오라는 과제를 낸다. 그리고 다음 수업 시간에 그 내용을 발표하게 한다. 인문 계열로 대학에 들어온 이상 졸업할 때까지 많은 책을 읽고 그 내용을 자기 것으로 만들기를 바라서다. 이런 과제를 통해 책 읽는 습관과 함께 책 읽는 능력도 키워진다고 믿는다.

요약은 다음 순서대로 진행한다.

먼저 책의 제목을 적고 그 책의 취지를 3~4줄로 요약한다. 글자 수로는 120자 정도다.

책을 읽어가면서 삼색 볼펜으로 중요한 부분에 밑줄을 긋는다. 가장 중요한 부분은 빨강 펜으로, 어느 정도 중요한 부분은 파랑 펜으로, 중요도는 떨어지지만 재미있는 부분은 초록 펜으로 표시한다.

끝까지 읽은 다음에는 책의 취지를 세 가지로 정리한다. 1장에서도 말했지만, 이때 주의할 점은 여러 핵심을 소개하고 싶더라도 과감하게 세 가지로 압축하는 것이다. 이것만으로도 훨씬 알기 쉬운 설명이 된다. 취지를 쓸 때는 먼저 전체적인 이미지를 떠올릴 수 있도록 내용을 확실히 파악하고 '구체적으로 이렇다' 하는 식으로 세 가지 핵심을 덧붙인다.

그런 다음 책에서 인용문 세 가지를 발췌한다.

마지막으로 그 책에서 가장 전하고 싶어 하는 말, 캐치프레이즈가 되는 한 문장을 만들어 취지 설명 도입부에 적는다. 이 캐치프레이즈는 핵심을 빠르게 말로 표현하는 것이어야 함은 물론이고, 상대가 재미있어하거나, 공감하거나, 흥미를 끌 만한 것일수록 좋다.

수업에서는 감동했던 문장 세 개를 골라 함께 낭독한다.

구체적인 예로, 나의 전작《문과의 힘이 곧 무기다 (「文系力」こそ武器である)》를 요약해보자.

책 제목:《문과의 힘이 곧 무기다》 (사이토 다카시 지음)

- 한 줄 설명: 이과에는 없는 문과의 강점이 세계를 움직여왔다.
- 취지: 이 책은 모호한 느낌의 문과 계열이 지닌

뛰어난 능력을 명확하게 제시한다. 그 힘은 세 가지다. 통합적인 시야로 사물을 판단하고 거시적으로 판단하는 힘, 구체적이고 복잡한 것을 좋아하며 거기에서 가치를 창출하는 힘, 퍼실리테이터(facilitator, 회의나 교육 따위의 진행이 원활하게 이루어지게 돕는 역할을 하는 사람-옮긴이)로서 커뮤니케이션하는 힘이다. 이런 힘을 갈고닦아 인생에 활용하는 방법도 이야기한다.

- 인용 1: 근본에는 말과 인간에 대한 관심이 있다. 과학적으로 파악하기 힘든 영역에 대한 깊은 관심이다. 이 부분이 문과 계열의 특징 중 하나이자 강점이라고 할 수 있다.

- 인용 2: 정리하는 것이 이과 특유의 영민함이라면, 같은 상황에서 구체적인 복잡함을 남겨 그것을 살리는 것이야말로 문과의 영민함이다.

- 인용 3: 퍼실리테이터로서 커뮤니케이션을 활성화하고 의견을 수렴하여 개인의 능력을 이어

간다. 이것은 문과 계열이 가장 힘을 발휘하는 부분으로 문과 계열의 생존 전략 중 하나라고도 할 수 있다.

이상과 같이 정리하여 강의에서는 각자 A4 한 장을 기본으로 1분간 설명한다. 모두 스마트폰이 있으니 스마트폰의 스톱워치 기능을 사용하여 직접 재보게 한다.

1분 설명은 '그게, 그러니까…' 하고 말을 더듬을 시간이 없으므로 '이 책은 이런 책입니다. ○○에 관해 말하고 있습니다'라고 간결하게 설명할 수 있다. 1분 동안 설명을 마친 다음 인용문을 낭독하면, 직접 읽지 않은 사람도 그 책을 잘 아는 듯한 느낌이 든다. 책을 요약하는 연습은 책의 내용을 자기 것으로 만들 뿐만 아니라 설명력 향상에도 매우 효과적이다.

원래 책은 대부분 설명으로 이뤄져 있다. 처음부터 끝까지 설명으로 채워진 책도 있는데, 그 의미의 산더

미에서 유달리 반짝이는 것을 골라내 모으는 것이 책을 요약하는 작업이다. 이 연습을 계속하면 수많은 요소 중에서 본질을 빠르게 추출하여 요약하는 능력이 저절로 단련된다.

설명력을 키우고 싶다면, 일단 한 주에 한 권이라도 스스로 책을 요약하는 연습을 부과하여 몰두하는 것이 좋다. 반년도 지나지 않아 요약 능력과 설명력이 몰라보게 향상됐음을 실감할 것이다.

책을 요약하는 연습은 책의 내용을 자기 것으로 만들 뿐만 아니라 설명력 향상에도 매우 효과적이다.

숫자 키워드로
설명의 질을 높인다

　　　　　　　빠르고 정확하게 요약할 때는 그 대상인 책이나 자료에 삼색 볼펜으로 밑줄을 긋는 방법이 효과적이다. 가장 중요한 부분은 빨강 펜, 어느 정도 중요한 부분은 파랑 펜, 중요도는 떨어져도 재미있다고 느낀 부분은 초록 펜으로 색을 분류하여 밑줄을 긋는다. 단, 색에 얽매일 필요는 없다. 중요한 것은 밑줄을 긋는 용기다.

볼펜으로 핵심에 밑줄을 그을 때는 문장이나 중요 문구뿐만 아니라 숫자에도 특히 주의한다. 요약할 때 숫자가 들어가면 설득력이 훨씬 높아진다. 구체적인 숫자, 예를 들면 '몇 퍼센트가 하락했다', '몇 배가 늘었다'와 같은 부분을 포함하면 설명에 현실감이 생긴다. 이거다 싶은 숫자를 머릿속에 입력해두고 이야기 중간중간에 적절히 투입한다. 숫자는 설명할 때 매우 강력한 지원군이 된다.

요약하는 연습을 할 때 신문 기사를 활용하는 방법도 추천한다. 볼펜으로 기사에 밑줄을 긋고 밑줄을 그은 키워드를 3~5개 정도 골라 그 키워드를 이어가며 1분간 프레젠테이션하는 연습을 한다. 키워드에는 반드시 고유명사나 용어, 숫자를 넣는다. 키워드를 7~8개씩 넣으면 1분에 정리되지 않으니 3~5개 정도로 압축한다.

그리고 이 키워드를 서로 연관 지어 요약본을 구성한다. 이렇게 과부족 없는 키워드를 먼저 선별한 다음에는 키워드를 기계적으로 이어가기만 하면 되니 단시간에 요약이 마무리된다. 또한 키워드 자체가 중요한 내용이므로 내용도 충실해진다.

나는 초등학생에게도 이 방법으로 1분 프레젠테이션을 시키는데, 이 순서대로 진행하면 초등학생이라도 키워드를 3~5개 사용하면서 이야기할 수 있어 설명력이 급격히 향상한다.

요약을 마무리하면 누군가를 상대로 프레젠테이션해보는 것이 가장 좋다. 다른 사람에게 이야기함으로써 중요한 어구나 숫자가 기억에 정착되기 때문이다.

나는 대학생에게도 신문을 오려 와 키워드에 동그라미를 치고 1분간 다른 사람에게 설명하는 '술술 프레젠테이션'이라는 트레이닝을 시킨다. 여러 번 반복하는 동안 요약의 속도가 빨라지고 질도 점점 높아진다.

삼색 볼펜은 물론 책을 읽을 때도 사용하는 도구다. 독후감을 쓰기 위해 책을 읽을 때도 볼펜으로 계속 표시해간다. 새하얀 채로 두면 독후감을 쓸 때 다시 처음부터 읽어야 하기 때문이다. 애써 읽은 시간을 헛되게 하지 않으려면 항상 쓰면서 읽는 습관을 들인다.

단시간에 간결하면서도 충실하게 요약하려면 먼저 함축된 키워드를 선별해야 한다. 그런 다음 키워드를 어떻게 이을지를 고민하면 능숙하게 요약할 수 있다.

선별한 키워드 자체가 중요한 내용이므로 설명도 충실해진다.

인상적인 캐치프레이즈로 호기심을 일으킨다

        설명은 본질을 나타내는 인상적인 한 문구로 시작하여 각 요소로 들어가는 것이 기본 구조다. 핵심을 세 가지로 압축하여 설명하려면, 앞서 말했듯이 내용을 요약하는 능력이 필요하다. 요약은 설명에 사용할 키워드를 선별하여 그 키워드들을 가위와 풀을 사용해 잘라내고 잇는 작업이다.

하지만 설명 도입부의 캐치프레이즈는 내용을 요약하는 작업과는 조금 다르다. 내용을 요약하여 표현하려고만 하면 좋은 캐치프레이즈가 나오지 않는다. 캐치프레이즈는 사람의 마음을 확 끌어당겨야 하는데, 단순히 요약만 해서는 그러기 어렵다.

사람은 제각기 관심 있는 분야나 흥미를 느끼는 핵심이 다르다. '어떻게 말하면 상대의 마음을 움직일까?' 캐치프레이즈는 거기서부터 시작해야 한다.

내가 출간한 책 중에 《불쾌는 죄다(不機嫌は罪である)》라는 제목의 책이 있다. 처음에는 책 제목에 '죄'라는 단어를 사용한다는 게 조금 걸렸지만, '불쾌'가 좋지 않은 것임을 인식하게 하려면 그 정도로 강한 말이 좋을 것 같아 일부러 제목에 붙였다. 결과적으로는 그 생각이 주효하여 반응도 꽤 좋았다. 베스트셀러 《미움받을 용기》는 아들러 심리학에 관한 책인데, 만일 이 책의 제목이 '아들러 심리학 개론'이었다면 베스트셀러가 될 수 있었을까? 두 책 모두 강한 표현과 의외성

으로 흥미를 끌어 내용을 전하고자, 일반적인 설명과는 다른 관점에서 접근했다. 설명에만 초점을 맞추지 않고, 그 이상으로 상대의 기분을 헤아려야 좋은 캐치프레이즈가 나온다.

정설이나 고정관념을 뒤엎는 강렬함, 기존의 관용구를 살짝 비틀어 위기감을 부추기거나 손해 보지 않으려는 욕구를 자극하는 등, 다양한 방향성을 지닌 캐치프레이즈가 세상에는 넘쳐난다. 우리 주위의 광고나 선전 등이 평소 어떤 기법으로 사람의 마음을 사로잡는지 생각해보면 많은 참고가 된다.

요약 능력은 명확한 논리력을 기반으로 하지만, 캐치프레이즈는 감각을 중시한다. 이 두 힘이 잘 작용해야 좋은 설명이 된다.

'어떻게 말하면 상대의 마음을 움직일까?'
캐치프레이즈는 거기서부터 시작해야 한다.

핵심을 3가지로 정리하는 습관

설명할 때는 핵심을 세 가지 또는 더 적게 두 가지나 한 가지로 압축하는 작업이 필요하다. 여러 핵심을 제거하고 꼭 필요한 부분만 골라내는 일종의 해체 작업이라고 할 수 있다.

삼각(三脚)은 말 그대로 '세 개의 다리'라는 뜻이다. 처음에는 다리가 많이 달렸는데, 이 다리를 계속 떼어

내다가 더 떼면 설 수 없을 때까지 떼어 마지막으로 세 개의 다리만 남은 모습을 상상해보자. 없어도 괜찮은 것, 중복되는 것은 버리고 전혀 다른 세 가지만 남긴다.

'지덕체(智德體)'를 예로 들어보자. 이 세 단어는 구성이 매우 뛰어나다. 지혜와 덕과 몸은 각각 다르므로 어느 하나도 빠트릴 수 없다. 만일 '지덕체' 다음에 다른 말을 덧붙이면 군더더기 같은 느낌이 들 것이다. 하지만 이 세 가지를 잘못 고르면 능숙한 설명이 되지 않는다. 예를 들어 '기력, 끈기, 정신력'과 같이 세 단어의 의미가 비슷하면 삼각의 다리가 한쪽으로 쏠려 쓰러진다. 전혀 다른, 서로 대체할 수 없는 세 가지를 모으는 것이 중요하다. 이 능력은 평소 트레이닝으로 단련해야 한다.

어떤 상황, 어떤 소재든 직접 세 가지로 압축하는 연습을 해본다.

- 이 책의 저자가 말하고자 하는 요점은 다음 세 가지입니다.
- 이 문제의 원인은 이 세 가지입니다.
- 이 상품의 장점은 다음 세 가지입니다.

이처럼 항상 세 가지를 의식하여 내용을 정리하도록 스스로 과제를 부과하면 자연스럽게 세 가지로 정리하는 습관이 든다.

얼마 전 신입사원을 대상으로 한 강연에서 나는 신입사원의 마음가짐으로 '텐슈카쿠[텐션(긴장) · 수정 · 확인의 일본어 앞글자를 딴 조어-옮긴이]'를 제안했다. 지금까지는 '보고(報告), 연락(連絡), 상담(相談)'이라는 의미로 '호렌소(보고 · 연락 · 상담의 일본어 앞글자를 딴 조어-옮긴이)'라는 용어를 썼지만, 신세대 신입사원에 맞춰 '텐션, 수정, 확인'을 철저히 하라고 했다. 신입사원이면 먼저 텐션을 확실하게 높이고 지적당한 실수를 바로 수정하고 전부 확인한 후에 행동에 옮기면 일단 실수할 일은 없다는 의미다.

이처럼 어떤 일이든 "세 가지로 정리하세요"라고 말하는 게 나의 입버릇일 만큼 자주 말한다. 상황에 따라서는 회의 자리에서 "제가 말하고 싶은 것은 다음 세 가지입니다"라고 먼저 말한 후 설명에 들어가면서 생각해도 좋다.

세 가지로 생각하는 습관이 들면 첫 번째와 두 번째는 절대 놓쳐서는 안 될 중요한 것을 제시하고, 세 번째는 약간의 웃음을 유도할 만한 임기응변식 대응도 가능해진다. 중요한 이야기만 하면 조금 따분할 테니 세 번째는 귀가 솔깃해질 흥미로운 이야깃거리까지 마련해두는 것이다. 그러면 설명의 수준이 훨씬 높아진다.

예를 들어 "이 상품의 장점은 세 가지입니다"라고 말한 다음 "편리하죠. 그리고 저렴합니다"라고 운을 뗀 후 "만일 마음에 들지 않으면 버리기도 간단합니

다"라고 유머러스하게 마무리하는 패턴이다. 이처럼
세 가지 핵심에 강약을 주면 더욱 능숙한 설명이 된다.

없어도 괜찮은 것, 중복되는 것은 버리고
전혀 다른 세 가지만 남긴다.

전체 중 어디인지 명확히 알려준다

설명할 때는 각각의 사항을 단순히 나열만 하기보다 그 사항들의 연관성을 명확히 알려주는 게 좋다. 큰 전체 구조 중에 지금 설명하는 부분이 어디쯤인지 상대에게 알려주면 훨씬 이해하기 쉽다.

예를 들어, 이 책을 출간한 회사는 도쿄도 시부야구 사사즈카에 있는데 이 회사의 소재지를 설명해달라는 말을 들었다고 하자. 이때 도쿄와 시부야구 그리고 사사즈카의 설명만 나열해서는 일본 지리를 모르는 사람은 이해하기 어렵다. 도쿄라는 수도가 있고, 그 안에 시부야라는 구가 있고, 또 그 안에 사사즈카라는 지역이 있다고 각각의 위치를 명확히 설명해야 이 회사의 소재지가 어디인지 더 확실히 알 수 있다.

영화에는 도입 부분에서 도시 전체를 비추다가 그 도시의 어떤 집에 초점을 맞추고 다시 그 집 안에 있는 어떤 인물의 표정에 초점을 맞춰가는 기법이 있다. 이 역시 먼저 멀리서 전체 이미지를 파악하는 것부터 시작하여 점점 클로즈업하는 기법으로, 그 인물이 어떤 도시의 어떤 집에 살고 있는지를 간결하게 설명해준다.

클로즈업의 반대로 점점 시야를 넓혀가며 이해를 구하는 방식도 있다. 이를테면 '동양문화 전체의 역사에서 보면 이렇다', '인류사 관점에서 말하면 이렇다'라는 설명 방식이다. 설명의 범위가 단번에 넓어지면서 상대의 시야도 넓어진다. '이 큰 흐름 속에서 말하자면, 여기쯤 와 있구나!' 하고 바로 이해한다.

설명하는 부분이 전체 중 어디인지 알려주면 상대는 더 쉽게 이해했다는 느낌을 받는다. 그러려면 먼저 설명할 사항의 전체 구조를 파악하여 이해해야 한다. 그런 다음 큰 항목과 거기에 포함된 중간 항목, 또 거기에 포함된 작은 항목이 각각 어느 위치인지 알 수 있게 설명해야 한다.

전체 중에 지금 어디를 이야기하는지를 명확히 알려주면서 설명하면 상대는 안도감을 느낀다. 그런데 설명이 서툴면 지금 어디를 이야기하는지는 고사하고, 앞으로 어디로 가는지도 알 수 없어 불안감이 쌓인다. 지금 하는 이야기가 전체 중 어느 위치인지, 원래 전체의 구조는 어떤지 항상 상대가 이해할 수 있게 설명해야 능숙한 설명이라고 할 수 있다.

설명하는 부분이 전체 중 어디인지 알려주면 상대는 더 쉽게 이해했다는 느낌을 받는다.

사전 준비에
책의 목차를 활용한다

알기 쉽게 설명하려면 먼저 전체 구조를 파악해야 한다. 지금부터는 빠르게 전체 구조를 파악하는 방법을 소개하겠다.

설명할 책이나 자료 등에 목차가 있으면 이를 활용한다. 사실 본문을 전부 읽지 않고 목차만 읽어도 이해할 수 있는 책이 가장 좋은 책이다. 대표적인 예로 마키아벨리의《군주론》을 들 수 있다. 목차만 읽어도 내용이 전해져 흥미가 솟는다. 그만큼 목차에 많은 의미가 담겨 있다.

내가 내용을 빠르게 파악하기 위해 목차를 활용하게 된 것은 대학 시절 친구에게 '목차 공부법'을 배우고부터다. 나는 도쿄대학 법학부 출신이지만, 3학년 무렵에 법률 분야가 아닌 교육 분야로 진로를 정했다. 법률 공부에만 시간을 할애할 수 없었기에, 최소의 시간으로 최대의 효과를 얻는 법률 공부법은 없을까 고심했다. 그때 한 친구가 아주 짧은 시간에 머릿속에 쏙쏙 들어오는 좋은 공부법이 있다며 알려주었다. 그는 친구들 사이에서도 머리가 비상하기로 유명했다.

그는 원래 법률이란 체계가 잡혀 있다고 전제를 깔았다. 그러고는 도쿄대 시험에서는 그 문제가 어떤 체계 속 어느 부분의 사례인지에 대한 이해가 잘못되면 아무리 열심히 답을 썼더라도 점수를 받을 수 없다고 했다. 즉 단시간에 좋은 점수를 받으려면 전체 구조를 이해하면서 체계적으로 공부해야 효율을 높일 수 있다는 얘기였다.

그가 가르쳐준 구체적인 방법은 이랬다. 일단 교재의 목차를 큰 종이에 충분히 여백을 두고 복사한다. 그런 다음 목차 위아래의 여백에 목차 항목에 실린 사례나 판례 등을 간략하게 적으며 살을 붙여간다. 목차가 큰 골조, 기본 골격이라면 거기에 각 부를 구성하는 요소를 적어 넣는다. 이 작업을 통해 머릿속도 정리되고 전체 구조와 각 요소의 연관성이 명확해진다. 다음은 완성된 목차 복사본이 여섯 페이지 분량이라면, 이것을 한 장에 두 페이지씩 세 장으로 만들어 통째로 암기한다.

그가 알려준 대로 해보니 의외로 효과가 뛰어났다. 그 덕분에 최소의 공부량으로 전 과목을 이수할 수 있었다.

공부도 그렇지만 책을 읽을 때도 부분에 얽매여 눈앞의 한줄 한줄만 읽다 보면 의외로 전체가 머리에 들어오지 않는다. 더구나 300페이지 중 100페이지를 읽는 데 에너지를 다 써버리면, 나머지 200페이지는 머리에 입력하지 못한 채 시험을 치르게 된다. 이래서는 낙제할 우려도 있고, 졸업이 걸려 한 과목이라도 놓쳐서는 안 되는 상황이라면 정말 위험할 수도 있다.

그럴 때 목차 공부법이 위력을 발휘한다. 먼저 목차로 전체를 파악하고 목차의 여백에 중요한 요소를 계속 적어 넣는다. 그러면 전체 중에 큰 항목, 중간 항목, 작은 항목 등의 중요도를 확실히 이해하면서 각 요소를 기억할 수 있다.

직접 손을 사용하여 적는 것도 매우 의미 있는 일이다. 손을 사용하면 지금까지 무미건조했던 목차가 자신의 것으로 재구성된다. 자신의 손으로 직접 썼기에 시험 때 순간적으로 핵심을 떠올릴 수도 있다. 직접 써서 정리한 목차는 한 장의 보물지도와도 같다.

잘 아는 동네의 지도는 머릿속에 훤히 그려지듯이, 직접 써넣은 목차를 외우면 책의 내용이 한 장의 지도로 머릿속에 들어와 있는 것이나 다름없다.

목차가 뛰어난 책이라면 훨씬 수고를 덜 수 있다. 이미 대부분 완성된 부분에 요소를 자세하게 써넣기만 하면 되기 때문이다. 이것은 잘 그려진 밑그림의 각 장소에 무엇이 있는지 써넣는 것과 비슷하다. 새하얀 노트에 써야 한다면 너무 막막하고 머리에도 들어오지 않지만, 기본 골격을 갖춘 지도가 있다면 쓰기도 쉽고 머리에도 잘 들어온다.

교재를 처음부터 읽기보다 목차를 활용하는 편이 항상 전체 구조를 의식하여 각각의 위치가 어디인지 알 수 있고 기억하기도 쉽다. 이 방법은 의외로 활용도가 높다. 그 후 사법시험에 응시하는 대학원생에게 알려줬는데, 기쁘게도 합격 소식을 전해와 역시 꽤 효과가 있는 방법이구나 싶었다.

목차 활용법은 공부법으로서뿐만 아니라 설명을 위한 사전 준비에도 잘 활용할 수 있다. 설명할 대상의 전체 구조를 파악할 때 지금 말한 대로 목차를 활용하는 것이다. 그러면 전체를 설명하고, 큰 골격을 설명하고, 중간 항목을 설명하고, 필요하다면 작은 항목의 내용도 소개하는 흐름으로 구성할 수 있다. '이 재판은 전체 영역에서 말하면 이 영역에 해당합니다. 좀 더 들어간 영역에서 말하면 이렇습니다. 좀 더 깊이 들어가 자세하게 말하면 이 영역에 해당합니다'와 같은 식이다.

이처럼 직접 만든 목차를 기반으로 하면 누구나 설명의 달인이 될 수 있다.

직접 써서 정리한 목차는 한 장의 보물지도와도 같다.

상대의 마음을 움직이는 빠름과 느림의 상승효과

능숙한 설명은 상대가 분명히 이해하게 할 뿐만 아니라, 때에 따라서는 상대의 마음까지 움직이게 한다. 상담을 할 때도 설명을 잘하면 상품 구매나 업무 협조로 이어진다.

상대의 마음까지 움직이는 설명이란 어떤 것일까.

행동경제학자 대니얼 카너먼(Daniel Kahneman)이 쓴

《생각에 관한 생각》이라는 책이 있다. 이 책에는 화난 표정의 인물 사진을 신고, 화난 표정은 정보 전달 속도가 빨라 얼핏 봤을 뿐인데도 그 사람이 화가 난 상태임을 알 수 있다는 내용이 나온다. 글이나 말로 화나 있음을 전하는 것보다 표정이 압도적으로 빠르게 전해진다는 의미다.

감정 표현이야말로 가장 빠른 정보 전달 수단이다. 이처럼 빠른 정보 전달과 말처럼 느린 정보 전달, 이 양쪽이 우리의 사고에 영향을 끼친다. 천천히 또박또박 설명해야 이해되는 때가 있는 한편, 감정 표현처럼 순간적으로 이해하는 것도 있다. 이 둘이 상승효과를 내면 매우 능숙한 설명이 된다.

순간적인 것의 예로는 도표나 일러스트가 있다. 그림으로 표현된 것은 전체를 신속히 파악하게 해준다. 그림 옆에 문자를 더하여 다시 설명하면 이것은 느림이 된다. 왼쪽 페이지에 그림, 오른쪽 페이지에 문장을 두는 형식의 책이 많은데, 이것은 빠름과 느림을 결합한 매우 알기 쉬운 예라고 할 수 있다.

사진이나 이미지도 직감적으로 이해시키는 빠름에 해당한다. 프레젠테이션 도입부에서 먼저 영상을 보여주고 "자세한 내용은 팸플릿과 자료에 나와 있습니다"라는 기법도 마찬가지다. 먼저 이미지를 전하고 자세한 정보는 문자 정보로 건넨다. 영상이라는 빠른 정보로 상대의 감정을 움직여 직감적으로 이해시키면, 상대는 느린 문자 정보도 쓱쓱 읽어나가면서 이해할 수 있다.

영상이나 이미지 같은 비주얼 요소는 아니지만, '맨션 포엠(mansion poem)'도 빠른 전달수단의 하나다. 맨션 포엠이란, 아파트 광고 등에 사용되는 독특하고 시적인 선전 문구를 말한다. 예를 들어 '더할 나위 없는 평온함', '화려한 이 거리에 걸음을 멈추다', '저택이라 불러 마땅한 그곳' 등과 같은 독특한 캐치프레이즈가 있다.

이런 선전 문구에 '맨션 포엠'이라는 이름을 붙이고 연구하는 분이 있는데, 그에 따르면 아파트 광고에서는 '집'이라는 말을 사용하지 않는다고 한다. 기본적으로 '저택' 또는 '부지'라고 표현하며 아파트 자체의 설명도 거의 하지 않는다. 아파트의 인테리어나 설비는 어디든 큰 차이가 없으니 입지에 차별성을 둔다. '이 거리에서 꿈꾸는 삶', '전망 좋은 저택' 같은 카피로 자부심을 강조하는 수식어를 더한다.

'저택'이라고 해도 결국엔 아파트일 뿐이지만, 그렇게 표현한 부분에서 독특함이 느껴진다. 이것은 그 동네에 산다는 것의 자부심이나 자긍심을 자극하여 읽는 사람의 감정을 움직이는 기법이다. 이미지에 호소하는 빠른 설명의 일종이다.

이 빠른 부분에 흥미를 느낀 사람은 자세한 정보를 얻으려고 작은 문자로 적혀 있는 정보도 읽게 된다. 계약금은 얼마에 분할 조건은 어떤지, 그런 느린 정보가 빠른 정보를 보완해준다.

행동경제학에서도 빠름과 느림, 양쪽 모두 작용하는 것이 상대의 의사결정에 중요하다고 말한다. 설명은 대부분 상대에게 뭔가를 전하거나 상대의 의지를 움직이고 싶을 때 한다. 그럴 때 빠름과 느림, 양쪽을 모두 구사하면 성공할 수 있다.

빠른 정보 전달과 느린 정보 전달은
함께하면 더 큰 효과를 낸다.

차이점을 강조해 단번에 이해시킨다

알기 쉬운 설명의 기술로, 비교를 통해 설명하는 방법이 있다.

나는 대학에서 앞으로 선생님이 될 학생들에게 강의하고 있는데, 수업에는 반드시 설명이 따른다. 수업 방식의 하나로, 대다수의 수업이 A와 B의 비교로 진행될 수 있다고 가르친다. 예를 들어 '보통 사람이 글을 쓰면 이렇게 된다. 하지만 대문호가 쓰면 이렇게 된다'와 같은 식으로 진행하면 누구나 그 차이를 바로 이해한다. 그림 하나만 보고는 이해할 수 없어도 같은 주제를 그린 다른 화가의 그림을 보여주며 비교하면 그 차이가 느껴져 각각의 특징을 알 수 있는 것과 같다.

'주먹밥 레시피를 유명 작가들이 쓴다면 어떻게 될까?'라는 주제의 책이 인기를 끈 적이 있다. 이 책 역시 다양한 작가가 '주먹밥 레시피'라는 동일한 주제로 글을 썼다는 걸 전제하여 각 문장의 차이를 한눈에 볼 수 있게 하는 재미를 주었다는 점이 적중했다고 본다.

하나의 주제를 A:B 또는 A:B:C와 같이 각각의 차이를 비교하면서 설명하면 머릿속에 금세 들어온다. A를 설명하려고 A만 깊숙이 파고드는 게 아니라 B나 C를 가져오면, 그로 인해 생기는 비교로 머릿속에 쏙쏙 들어오게 된다.

이 방법은 각기 다른 물건이나 사람의 비교뿐만 아

니라 '시간축'으로 비교할 때도 사용할 수 있다. 이를 테면, '10년 전은 ○○였다. 5년 전은 △△였다. 그리고 지금은 XX다'라는 방법이다. A와 B를 비교하는 것이 아니라, 하나를 놓고 시간적인 변화를 비교하여 이해시키려는 의도다.

이런 비교를 설명에 도입할 때는 두 가지 패턴을 조합하는 것이 더 효과적이다. '비슷하지만 사실은 다르다'라는 패턴과 '전혀 다른 듯하지만 실은 비슷하다'라는 두 가지다. 이 두 설명을 조합하면 대부분 설명할 수 있다. '비슷한 듯해도 이런 차이가 있다' 또는 '전혀 다르게 보여도 이런 공통점이 있다'라는 식으로, 공통점과 차이점의 조합으로 설명을 구성하는 것이다.

예를 들면, 무라사키 시키부(紫式部: 일본 헤이안 시대 중기에 활동한 소설가이자 시인-옮긴이)와 세이 쇼나곤(清少納言: 일본 헤이안 시대의 여성 작가-옮긴이)을 비교함으로써 양쪽 모두 알기 쉽게 설명할 수 있다.《겐지모노가타리(源氏物語)》(일본 헤이상 시대의 궁중 생활을 묘사한 장편 소설-옮긴이)를 쓴 무라사키와《마쿠라노소시(枕草子)》(헤이안 시대 궁중 생활을 바탕으로 한 일본 수필 문학의 효시-옮긴이)를 쓴 세이의 공통점은 동시대를 살았던 여성 작가이자 궁중 생활을 했다는 것이다.

하지만 차이도 상당하다. 일단 감성이 전혀 다르고 남긴 작품도 소설과 수필이라는 차이가 있다. 이런 부분을 단서로 두 사람을 설명하면 양쪽을 한 번에 명쾌하게 이해시킬 수 있다.

비교하기에 딱 맞는 대상을 설정할 수 있다면 분명 알기 쉬운 설명이 된다. 그런 다음에는 공통점과 차이점을 잘 조합하여 설명을 구성하면 된다. 원래 이해란 차이에 따른 것이다. 이해, 즉 '의미를 알게 된다'라고 할 때의 '의미'는 차이에서 생긴다. 스위스 언어학자 페르디낭 드 소쉬르(Ferdinand de Saussure)도 의미는 차이에서 생긴다고 했다. 다양한 말이 있지만, 그 말의 차이가 중요하며 그 차이가 모여 체계를 만든다는 것이다. 예컨대 '고체'라는 말은 '액체'와 '기체'가 있으므로 의미가 있다. 고체라는 말이 원래부터 독자적인 의미를 지녔다기보다 액체, 기체와의 차이에 의해 의미가 생긴 것이다. 즉 차이가 의미를 낳는 것이다.

그런 관점에서 보면 설명할 때도 무엇보다 차이를 확실하게 인식시키는 것이 중요하지 않을까. 차이를 두드러지게 하면 훨씬 이해하기 쉽다.

공통점과 차이점의 조합으로 설명을 구성해보자.

한 번에 두 마리 토끼를 잡는 비교 설명 트레이닝

비교하면서 설명하면 훨씬 이해하기 쉽다. 이 비교 설명을 더 효과적으로 하려면, 다음 양식에 따라 평소 매사를 비교하는 연습을 해야 한다.

A와 B 두 개를 놓고 비교 포인트는 어디인지, 공통점은 어디인지, 차이점은 무엇인지를 A4 용지 한 장에 정리한다.

종이를 반으로 나누어 왼쪽을 A, 오른쪽을 B라고 한다. 예를 들어 A는 가톨릭, B는 개신교로 정하여 공통점과 차이점을 정리한다. '링컨, 윌슨, 포드'처럼 A, B, C 세 개를 놓고 비교해도 된다. 그 외에 '제1차 세계대전과 제2차 세계대전' 또는 '국제연맹과 국제연합' 등의 다양한 소재로 비교하는 연습을 해본다.

TV에 종종 등장하는 세계문화유산 두 가지를 비교해봐도 좋다. 이 역시 종이에 직접 쓰면서 정리하는 연습이 설명력을 키우기에 가장 좋지만, 그럴 시간이 없다면 말로만 해도 괜찮다. 우물우물하지 않고 15초에 끝내겠다는 생각으로 "A와 B를 비교했을 때 핵심은 이것입니다. 차이는 이렇습니다"라고 술술 말할 수 있도록 연습한다. 이처럼 다양한 소재로 연습을 반복하면 공통점과 차이점을 명확히 찾아가며 생각하는 습관이 든다.

설명하려는 것의 비교 대상을 설정할 때도 약간의 요령이 필요하다. 설명하려는 것과 비슷한 듯해도 실은 다르거나, 전혀 다른 듯해도 실은 공통점이 있다는 관점에서 비교 대상을 골라야 한다. 그런 식으로 비교 대상을 설정하면 양쪽의 공통점과 차이점이 두드러져 훨씬 이해하기 쉽다.

《정보의 역사(情報の歷史)》라는 책은 같은 시기에 일본과 세계에서 일어난 일을 쭉 훑어볼 수 있는 일종의 연표라고 할 수 있다. 이 책을 보면 비교 설명에 매우 도움이 되는 힌트가 많다.

나는 이전부터 미야모토 무사시(宮本武藏: 아즈치·모모야마 시대와 에도 시대의 전설적인 검술가이자 화가-옮긴이)와 르네 데카르트(René Descartes: 근대 철학의 아버지로 불리는 프랑스의 수학자이자 철학가-옮긴이)가 닮았다고 생각했다. 본질을 꿰뚫어 간결하게 설명하는 점이 닮았다고 느꼈는데, 미야모토는 검의 길을, 데카르트는 철학의 길을 깊이 연구한 대가다.

두 인물은 전혀 공통점이 없어 보이지만, 실은 거의 동시대 인물이다. 미야모토는 1584년에 태어나 1645

년에 사망했다. 말하자면, 1600년대를 살았던 인물이다. 한편 데카르트는 1596년에 태어나 1650년에 사망했으므로 사망한 해가 미야모토와 5년밖에 차이가 나지 않는다. 진짜 무사와 사상의 무사가 시대적으로 굉장히 가까운 존재라는 사실도 눈에 들어온다. 이처럼 비교를 통해 양쪽을 더 깊이 이해할 수 있다.

비교 트레이닝은 설명력을 키워줄 뿐만 아니라 공부법으로도 효과적이다. 하나를 이해할 때 적당한 비교 대상을 가져와 의미를 파악해가면, 두 마리 토끼를 쫓다가 두 마리 다 놓치는 일 없이 한 번에 두 마리를 다 잡을 수 있다. 또한 두 개를 비교하기에 하나만 암기할 때보다 기억에 더 쉽게 정착되는 효과도 있다.

비교를 통해 양쪽을 더 깊이 이해할 수 있다.

이해하기 쉬운 비유와 예시 고르는 법

설명할 때 자신이 체험한 에피소드나 비유 등의 예시를 넣으면, 듣는 사람에게 구체적으로 다가와 한결 이해하기 쉽다. 단, 비유나 예시를 들 때는 상대의 상황에 맞춰야 한다. 나는 커뮤니케이션 관련 강연을 자주 의뢰받는데, 주제가 같더라도 중학생·회사원·고령자처럼 대상이 달라지면 구체적인 예시를 달리한다. 사실 이는 너무도 당연한 얘기다. 중학생 대상의 강연에 다단계 판매 사기를 예로 들면 와닿지 않을 테고, 고령자 대상 강연에 잔소리 심한 부모와의 대화를 예로 들어봤자 시큰둥한 반응만 돌아올 것이다.

예시 능력이란 상대가 이해하기 쉬운 예, 상대에게 절실한 예를 순간적으로 끌어오는 힘을 말한다. 상대의 기호에 맞게 구체적인 예를 선택하는 것도 하나의 기술이다. 예컨대 축구를 좋아하는 남학생이 많은 자리에서 커뮤니케이션을 주제로 강연을 한다면, 눈빛 마주 보기를 예로 들어도 좋다. "우리는 한순간에 눈으로 신호를 주고받으며 많은 정보를 교환합니다. 축구 경기를 할 때도 눈으로 많은 커뮤니케이션을 하죠"라고 이야기하면 듣는 학생들도 쉽게 이해한다.

설명하는 내용이 일반적이고 추상적이면 대충 무슨 의미인지는 알겠지만, 선명하게 이해했다는 느낌은 들지 않을 것이다. 그럴 때는 상대가 직감적으로 알 수 있는 예시를 들어 설명해야 한다.

축구부 아이에게는 축구를 예로, 야구를 좋아하는 아이에게는 야구를 예로 든다. 일테면 음악을 하는 아이에게는 다음과 같이 음악을 예로 든다.

"소리 내지 않는 커뮤니케이션으로 들숨과 날숨의 호흡이란 게 있어요. 음악에서는 지휘자와 연주자가 들숨과 날숨의 호흡을 맞추기도 하죠."

커뮤니케이션 없이 합주는 불가능하며 혼자만 잘해서도 안 된다. 전체가 느리게 갈 때는, 느린 것이 악보와 맞지 않는다고 하더라도 자기만 악보를 따라서는 혼자 엇박자가 난다. 주위가 느려지면 그 속도에 맞추는 것도 커뮤니케이션이다.

이처럼 커뮤니케이션을 설명할 때는 어떤 상황이든 다른 것에 비유하여 설명할 수 있다. 알기 쉽게 설명하려면 임기응변으로 상대에게 적합한 예를 드는 것이 중요하다.

비유나 예시를 들 때는 상대의 상황에 맞춰 적절한 것으로 선택한다.

A4 용지 한 장으로 하는
설명력 트레이닝

설명할 때 사용할 자료는 반드시 A4 한 장에 정리한다. 프레젠테이션이나 회의 때 수십 장이나 되는 두꺼운 자료를 나눠주는 사람이 있는데, 그렇게 많은 자료를 그 자리에서 다 읽어볼 사람은 없을 것이다. 정 필요하다면 그 자료를 나눠주되 A4 한 장에 요약한 자료를 맨 위에 첨부한다. 그리고 그 한 장을 기반으로 설명이나 프레젠테이션을 한다.

두꺼운 자료를 받으면 어디가 핵심인지 알 수 없어 처음부터 끝까지 읽어봐야 하는데, 그런 사람은 거의 없다. 혹시 있다면, 자료 읽느라 프레젠테이션에 집중하지 못해 중요한 이야기를 놓칠 수 있다. 그런 상황을 방지하기 위해 A4 한 장을 공유하여 설명을 진행하는 것이다. 자료는 되도록 간략해야 상대에게도 중요 내용이 잘 전해진다는 점을 명심하자.

A4 용지에는 문장은 물론 이미지나 도표 등도 적절히 넣어 정리한다. A4 한 장으로 공간이 한정되어 있으니 그 공간에 맞춰 정보를 선별한다. 이때는 내용을 구성하는 힘이 필요한데, 나는 이것을 'A4 한 장의 구성력'이라고 부른다. 이 포맷을 철저히 반복하면 무엇이든 A4 한 장에 확실히 정리하는 능력이 갖춰진다.

나는 강의 시간에 학생들에게 '르네상스', '종교개혁' 같은 세계사 용어나 '미·중 무역마찰' 같은 시사 용어 그리고 책 한 권의 내용을 A4 한 장에 정리하게 하는 과제를 자주 낸다. 학생들은 매주 그 과제를 A4 한 장에 정리해 와서 4명 정도로 그룹을 짜 서로 과제를 공유하고 각자 1분씩 설명하는 시간을 갖는다. 이 수업을 계속하면 모두 A4 한 장에 정리하는 기술이 급격히 향상된다.

용지의 공간에 맞게 정보를 선별하고 우선순위를 매겨 정리하는 'A4 한 장의 구성력'은 이미 설명력 그 자체다. A4 한 장에 자료가 잘 정리돼 있다면, 그것만 읽어도 다 이해가 된다. 설명하는 사람 역시 그 한 장을 기준으로 하면 간략하게 핵심을 잡아 설명할 수 있다. 설명의 설계도라 할 수 있는 A4 한 장의 자료가 알기 쉬운 설명을 가능케 한다.

그런데 회의 자료로 20장씩 건넨다면 어디를 읽어야 할지 몰라 받는 사람도 난감할 것이다. 아마 설명하는 사람도 핵심을 충분히 압축하지 못해 조리 있게 설명하기 어려울 것이다. 이런 상태에서는 아무리 설명해도 상대에게 이해했다는 느낌을 주기 어렵다. 원래 20장 정도의 자료지만 그 20장을 다 읽지 않아도 이해할 수 있게 A4 한 장으로 정리한 자료가 가장 이상적인 자료다.

지금은 전자 데이터 시대여서 종이를 대량으로 사용하지 않는다. 다들 아이패드 같은 전자기기 하나 정도는 갖고 있을 테니 20~30장씩 되는 자료는 데이터로 공유하고, 당장 결정이 필요한 사항이나 요점만 A4 한 장으로 정리하여 나눠주는 곳도 늘고 있다.

실제 내가 근무하는 대학의 교수회의도 최근에 그런 형태로 바뀌었다. 이는 낭비를 줄인다는 점에서도 매우 바람직하다. "자세한 자료는 데이터를 참고해주세요. 기본적으로는 이 한 장이면 알 수 있습니다"라고 말하면 시간도 절약되고 요점만 짚어 논의할 수 있으니 얼마나 효율적인가.

자료는 되도록 간략해야 상대에게도 중요 내용이 잘 전해진다.

질문을 설명의
추진력으로 삼는다

질문을 잘 활용하여 설명의 질을 높이
는 방법이 있다. 앞서도 말했듯이, 마키아벨리의 명저
《군주론》은 목차만 읽어도 내용이 읽고 싶어진다. 질
문 형식의 제목이 많아 답에 대한 궁금증을 자아내기
때문이다.

설명할 때도 능숙하게 질문을 던져 상대의 흥미를

일으킬 수 있다. '질문 능력'이라고 해도 좋을 만큼 질문에는 상대를 설명에 끌어들이는 힘이 있다.

한때 야마다 신야(山田眞哉)의《대나무 장대 가게는 왜 망하지 않을까》(국내에서는《이것은 사업을 위한 최소한의 지식이다》라는 제목으로 번역 출간됐다-옮긴이)라는 책이 큰 인기를 끌었는데, 이 책의 제목도 질문을 잘 활용하여 독자를 끌어들였다고 할 수 있다.

설명할 때도 '왜 ○○는 △△일까?'라고 상대가 궁금증을 자아낼 만한 질문을 생각해보자. 설명 도입부에 적절한 질문을 제기하면 상대도 궁금증이 일어 귀가 솔깃해진다.

이때 주의할 점은 답을 듣고 싶어 하는 상대를 너무 애태우지 말아야 한다는 것이다. 질문을 던졌으면 바로 답을 말하고 다음 설명을 이어간다. 너무 질질 끌면 듣는 사람도 흥미가 떨어지고, 어려운 질문은 시험당하는 것 같아 기분이 상할 수 있다. 일상 대화에서도 "그래서 어떻게 됐나요?"라고 물으면 계속 뜸만들이는 사람이 있는데, 그러면 슬슬 화가 나려 하지 않는가. 질문한 후에는 바로 답을 말하자. 질문, 답, 질문, 답을 적절히 섞어 밀고 나가면 듣는 사람은 점점 설명에 끌리게 된다.

질문이 설명을 밀고 나가는 힘, 즉 추진력이 된다. 질문이 있어야 상대도 비로소 생각하게 되고, 답을 듣고는 공감하거나 의외성에 놀라며 더 집중한다.

'?(의문의 물음표)'와 '!(놀람의 느낌표)'로 설명하면 분위기가 한층 고조된다. 예를 들어 "A와 B 중에 어느 쪽이 이득일까요?", "비용 대비 성능이 좋은 것은 어느 쪽일까요?"라는 질문을 받으면 보통은 어느 쪽인지 생각하게 되는데 이것이 이미 설명에 끌렸다는 증거다. 설명하는 사람이 곧이어 "사실은 이렇습니다"라고 의외의 답을 명확히 제시하면 분위기가 더욱 고조된다.

당신도 '질문, 답'의 구조를 곳곳에 넣어 설명을 구성해보기 바란다. 이런 식으로 속도감 있게 전개해가면 매우 알기 쉬운 설명이 된다.

질문에는 상대를 설명에 끌어들이는 힘이 있다.

이해하기 어려운 부분은 나중으로 돌린다

～～～～ 고객에게 말하는데 전혀 반응이 없거나, 상사에게 보고하는데 도중에 말을 끊어 생각대로 설명할 수 없을 때가 있다. 최악의 경우 나에게 주어진 시간이 다 지나버리기도 한다.

설명할 때는 언제 그런 사태를 맞더라도 전혀 지장이 없도록 꼭 전하고 싶은 부분부터 먼저 이야기해야 한다. '서론-본론-결론' 식으로 순서를 따르는 설명이 아니라, 헬리콥터로 직접 핵심을 공략하는 설명이 이상적이다. 보통 10분의 시간이 주어지면 그 시간 내에 설명하면 된다고 생각하기 쉬운데, 첫 1분 만에 설명이 중단될 수도 있음을 염두에 두어야 한다. 시간을 허비하지 말고, 전하고자 하는 핵심부터 우선하여 설명한다.

설명할 핵심 중에 조금 난해한 내용이 있는 경우도 드물지 않다. 그런 내용은 순서상 뒤로 미루는 방법도 설명을 잘하는 요령이다. 설명에서는 '이해했다는 느낌'이 매우 중요하다. 상대가 충분히 이해하고 공감할 수 있어야 한다. 어려운 부분을 시간과 정성을 들여 설명했는데 어딘가 분명히 이해하지 못했다는 느낌을 주느니, 이해하기 쉬운 부분을 설명하면서 이해했다는 느낌을 주고 분위기 좋게 다음 설명을 이어가는 편이 낫다.

교육 분야에서는 이것을 '최근접 발달 영역[인지심리

학자 레프 비고츠키(Lev Vygotsky)의 이론으로, 선생님 또는 어른이 아이들의 발달에 어떻게 영향을 줄 수 있는지를 논한 것—옮긴이]'이라고 하는데, 지금 할 수 있는 단계보다 약간 위의 단계를 가르쳐 향상으로 이끄는 사고방식이다. 90킬로그램의 바벨을 들어 올렸다면 92킬로그램에 도전해야지, 갑자기 95킬로그램에 도전하면 무리가 온다.

설명도 그와 마찬가지다. 갑자기 다음 설명으로 건너뛰지 않고 상대에게 이해했다는 느낌을 주면서 나아가야 좋은 인상을 받는다. 시사 해설가나 숲 해설가 등 무엇인가를 해설하는 일을 직업으로 하는 사람들 중에는 감탄사가 절로 나올 만큼 머릿속에 쏙쏙 들어오게 해주는 이들이 있다. 이들의 공통점은 듣는 사람이 잘 따라올 수 있도록 단계별로 이야기한다는 것이다.

이야기하려는 내용 중에 어려운 부분이 있으면 그것부터 이해시키려고 온갖 말로 설명하려 하기 쉽만, 이것은 피해야 한다. 이해하기 힘든 부분은 나중으로 돌리고 쉬운 내용부터 차근차근 올라가는 것이 능숙하게 설명하는 요령이다.

이해하기 힘든 부분은 나중으로 돌리고
쉬운 내용부터 차근차근 올라가자.

상대의 수준에 맞춰 설명을 구성한다

어느 분야에 정통한 사람이 오히려 설명이 서툰 경우가 많다. 그 분야를 너무 잘 알기에 보통 사람들이 어떤 점을 어려워하는지 잘 모르기 때문이다. 서점에서 관심이 가는 제목을 보고 책을 샀는데, 마지막까지 읽어도 무슨 말인지 도저히 알 수 없었던 경험이 한두 번은 있지 않은가. 아마도 그 책은 인공지능이나 우주, 생명공학 등 상당히 전문적인 분야였을 것이다. 한마디로, 일반인이 아니라 전문가의 언어로 쓰였다는 얘기다.

컴퓨터나 가전제품에 이상이 생겼을 때도 비슷한 일을 겪는다. 컴퓨터가 작동하지 않아 고객센터에 상담했는데, 상담원은 "이렇게 하면 됩니다"라고 하지만 그게 무슨 말인지 몰라 헤맨 적이 있을 것이다.

이런 일은 설명하는 사람에게는 너무 당연하여 무의식중에 어떤 부분의 설명을 생략하기 때문에 일어난다. 그중에는 용어 문제도 있다. 누구나 당연히 알고 있으리라는 전제로 사용하지만, 듣는 사람은 무슨 말인지 몰라 설명 전체를 이해하지 못할 때도 있다.

질문에 대한 설명은 상대가 듣고 싶어 하는 것이 무엇인지, 상대의 수준은 어느 정도인지 파악하면서 진행해야 한다. 지금 상황이 어떠하며 무엇을 알고 싶어 하는지, 상대의 요구를 헤아리는 힘이야말로 설명에서 특히 중요하다. 상대의 요구를 알지 못하면 당연하게도 설명이 원활하게 진행되지 않는다. 설명을 끝냈다는 만족감에만 빠질 뿐 전혀 도움이 되지 않는 사태에 이를 수 있다.

이런 사태를 피하려면 단계별로 "지금까지의 설명은 잘 이해했나요?", "질문 있습니까?", "어려운 점은 없나요?" 등의 질문을 해서 상황을 파악해야 한다.

사람에 따라서는 무엇을 이해하지 못했는지조차 모를 수도 있다. 그럴 때는 "○○가 △△이 되는 부분은 이해했나요?"라고 질문해 정확한 지점을 짚어줄 필요가 있다. 지금까지의 경험과 지식으로 상대의 의문 지점까지 확실히 집어낼 수 있다면 설명의 달인이 되었다고 할 수 있다.

상대의 이해 수준에 맞춰 '그냥 이렇게만 하면 된다'와 같은 절차 매뉴얼을 만들어주는 것이 그런 의문을 해소해주는 능숙한 설명이다. 예를 들면 다음과 같이 간결한 매뉴얼을 제시하는 것이다.

① 먼저 ○○를 한다.

② 다음에 △△를 한다.

③ 그다음에 ✕✕를 한다.

설명의 달인이 되려면 상대의 이해 수준에 맞춰 매뉴얼을 만드는 능력을 반드시 갖춰야 한다.

설명은 상대가 듣고 싶어 하는 것이 무엇인지,
상대의 수준은 어느 정도인지 파악하면서 진행해야 한다.

설명의 기본 구조를 익히면
어떤 설명을 하든 논리적이고
간결하게 말할 수 있다

3

일상생활에서 기르는
탄탄한 설명 내공

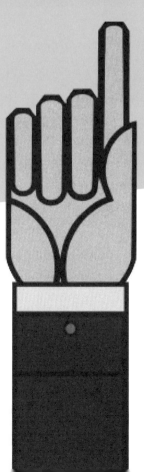

일상의 대화로 순발력을 갈고닦는다

이전 장에서는 능숙한 설명의 구성 방법과 그에 필요한 기초 능력을 키우는 방법에 관해 이야기했다. 이번 장에서는 일상생활에서 설명력을 키우는 방법을 살펴보자.

능숙하게 설명하려면 상대의 질문에 순간적으로 대응

하는 임기응변 능력이 필요하다. 상대의 요구를 순식간에 이해하고 핵심을 요약하여 간결하게 전하는 순발력이 있어야 한다. 이런 순발력은 일상 대화로도 트레이닝할 수 있다.

우리는 "요즘 어떻게 지내?"라는 질문을 흔히 받는다. 당신은 이럴 때 어떻게 대답하는가?

얼마 전, 중학교 선생님이 된 제자를 1년 만에 만났다. 그때 내가 "1년 동안 어떻게 지냈어?"라고 물었다면 제자는 의외로 대답하기 어려웠을 것이다.

"아, 1년간 말입니까? 글쎄요, 이런저런 일들이 많았는데…."

아마 보통은 이렇게 두루뭉술 넘어가지 않을까.

그래서 나는 이럴 때 "지난 1년간 가장 인상 깊었던 일은 뭐였어?"라고 묻는다. 이렇게 물어야 상대가 대답하기 쉽다.

다음은 그 제자가 들려준 이야기다.

부임한 학교에서 어느 날 아침 일찍 교실을 돌아보는데, 한 학생이 실내에 물을 뿌리고 있었다. 깜짝 놀랐지만 먼저 "안녕!" 하고 말을 건넨 다음 뭘 하느냐고 물었더니, 학생은 버섯 재배하는 법을 배워 교실에서 버섯을 키울 거라고 했다. 그래서 "친구들도 분명 버섯을 좋아하겠지만, 역시 버섯은 산에서 키우는 게 좋지 않을까?"라고 설득한 후, 친구들이 오기 전에 깨끗이 정리해놓자면서 함께 교실 청소를 했다. 학생들이 등교할 시간쯤 청소가 마무리됐다. 하나둘 등교한 학생들이 교실이 너무 깨끗하다며 의아해하자 "사실 오늘 청소는 ○○가 했다"라며 칭찬했다.

고작 1분 정도 전해 들은 에피소드지만, 그동안 제자가 어떤 1년을 보냈는지 잘 알 수 있는 설명이었다. 어떤 분위기의 학교에서 근무하며 어떻게 학생들을 대하는지 알 수 있을뿐더러, 그렇게 학생들을 대하니 인기가 많은 선생님일 거라는 사실까지 알 수 있었다.

알기 쉽게 설명하려면, 막연한 질문을 받았더라도 대답은 항상 콕 집어서 구체적으로 해야 한다. 이제부터는 "요즘 어떻게 지내?"라는 질문을 받거든, 설명력을 단련할 절호의 기회라고 생각하자. 상대는 '최근 일주일 정도에 재미있었던 구체적인 에피소드는 없었을까?' 하는 기대감으로 묻는다. 그럴 때는 흥미를 느낄 만한 에피소드, 궁금해할 만한 이야기를 순간적으로 끌어낼 수 있도록 노력해보자.

"요즘 별일 없어?"

"잘 지냈지?"

이런 질문을 받을 때마다 항상 재미있게 이야기하려고 의식하면 순간적으로 좋은 예시를 드는 능력이 단련된다.

재미있는 에피소드를 예로 들지 못하고 순발력도 떨어지면, 근황을 이야기할 때도 일기식으로 말하거나 별일 아닌 것을 미주알고주알 이야기하게 된다. 그러면 상대는 묻지도 않았는데 쓸데없는 말을 한다고 생각한다. 또한 재미있는 일은 없었다며 시큰둥하게 굴면 정말 재미없는 사람이라는 인상을 줄 수 있다.

근황을 이야기할 때는 예시나 순발력 같은 설명력이 필요하다. 자신의 한 주 또는 두 주, 한 달을 돌아보고 순간적으로 좋은 예를 떠올려 이야기해보자. 그러면 상대는 당신을 설명의 달인, 말솜씨가 좋은 사람이라며 더 깊이 이해하고 호감을 가질 것이다.

성심껏 자세하게 설명해야 좋은 건 아니다. 적절한 예를 순간적으로 떠올려 상대의 눈앞에 쫙 펼쳐주는 것이 진짜 설명이다. 일상 대화 속에는 그런 순발력을 키울 수 있는 상황이 얼마든지 있다.

알기 쉽게 설명하려면, 막연한 질문을 받았더라도 대답은 항상 콕 집어서 구체적으로 해야 한다.

자신감이 향상되는 근황 보고 트레이닝

평소에 근황 보고를 간결하고 분명하게 하는 연습을 꾸준히 하면 설명력은 자연스럽게 향상된다. 그래서 나는 근황 보고 트레이닝도 수업 과정의 하나로 만들어놓았다.

강의 때는 처음에 항상 출석을 부른다. 그런데 내가 이름을 부르고 학생이 "네"라고 대답만 하면, 새로운 정보도 재미도 없어 어떤 의미에서는 시간 낭비처럼 느껴진다. 그래서 출석 확인을 할 때 이름이 불리면 '요즘 꽂힌 것'이나 '최근에 놀란 일', '주변에서 일어난 재미있는 일' 등을 5초에서 10초간 간단하게 말하게 했다. 어떤 이야기를 하든 자유다. 물론 말하고 싶지 않으면 말하지 않아도 되고, 자기가 말하고 싶은 것만 말하면 된다. 상황에 따라서는 "어제 머리를 잘랐어요"라고 2초에 끝내도 괜찮다.

이 연습을 매주 했더니 놀랍게도 학생들의 근황 보고가 나날이 재미있어졌다. "지난주에 여자친구한테 차였어요", "동생이 두고두고 놀려먹을 멍청한 짓을 해버렸어요", "영화 〈보헤미안 랩소디〉를 보러 가서 노래를 불렀어요" 등 모두 나름의 생생한 근황 에피소드를 몇 초 만에 이야기할 수 있게 되었다.

처음에는 우물우물 말문을 트지 못했던 학생도 1년간의 강의가 끝날 무렵에는 어찌나 재미있게 이야기를 잘하는지, 엄청난 재능을 몰라볼 뻔했다며 학생들은 물론 나 자신도 놀랄 정도였다.

뭔가를 설명해야만 할 때 아무래도 우물쭈물하는 일은 있게 마련이다. 하지만 근황을 15초 정도 말하는 연습을 하면, 갑작스럽게 이야기를 해야 하는 상황에서도 막힘 없이 최적의 에피소드를 제시할 수 있다. 이것이야말로 설명에서 중요한 능력의 하나다.

평소에 근황 이야기를 간결하고 분명하게 하는 연습을 꾸준히 하면 설명력은 자연스럽게 향상된다.

책의 내용을 요약하여 발표하는 나의 강의에서는 한 학생이 1분 발표를 마치면 듣고 있던 학생들이 2인 1조가 되어 방금 설명을 들은 책에 관해 서로 요약하고 그에 얽힌 자신의 에피소드를 소개한다.

　실제로는 읽지 않은 책이지만, 방금 설명을 들었기

에 다들 어떻게든 설명은 할 수 있다. 1분간 제대로 설명을 들었다면 다시 1분간 설명할 수 있다. 또한 설명을 듣고 떠오른 자신의 경험을 더하여 이야기하면 조금 전 '남에게 들은 이야기'가 '나의 이야기, 나의 지식'이 된다.

뭔가를 이해하려 할 때나 남에게 설명하려 할 때는 그 내용을 보강할 수 있는 에피소드와 연관 짓자. 그러면 자신도 이해가 깊어지고, 듣는 상대도 훨씬 이해하기 쉬워진다.

《논어》에 '금여획(今汝畵)'이라는 말이 있다. 공자가 제자인 유구에게 "너는 지금 하기도 전에 스스로 한계를 정하고 노력하려 하지 않는다"라고 꾸짖은 말이다. 이 말을 나는 이렇게 설명했다.

"내가 고교 시절부터 동경하던 대학이 있었는데 당시의 성적으로는 어림도 없다며 지레 포기하고 있었다. 하지만 선생님의 열정적인 지도와 응원에 힘입어

죽을힘을 다해 공부했더니 합격했다. 공자는 처음부터 '자신의 한계를 정해서는 안 된다. 그래서는 절대 성장할 수 없다'라는 말을 하고 싶었던 게 아닐까?"

체험담에 설명이 곁들여지니 학생들도 쉽게 이해한다.

일전에 한 학생이 수업 중에《오예와 금기(汚穢と禁忌)》라는 책을 1분간 소개한 적이 있다. '오예'란 더러움을 뜻하는 말로, 이 책은 '더러움'과 '터부'를 주제로 한 학술서다. 제목만 들어서는 별로 재미있지도 않고 어렵기만 할 것 같다.

그런데 당시 그 학생이 소개한 에피소드가 굉장히 독특했다. 그는 '손톱 깎기'라는 일상의 상황을 예로 들어 다음과 같이 설명했다.

"손톱을 깎고 나면 잘린 손톱이 왠지 더럽게 느껴진다. 그것은 아마 그 손톱이 내 것인지 아닌지 경계선이 약간 모호해진 점이 불편해서일 것이다. 우리는 채 정리되지 않은 것이나 모호한 것에 대해 어느 정도 두려움을 느끼고 더럽다고 여긴다."

이 수업은 매번 누구의 발표가 가장 좋았는지 투표하는 것으로 마무리된다. 이날은 30명 중에 절반 이상이 그 학생에게 투표하여 단연 최고가 되었다. 어려운 책인데도 에피소드를 곁들여 바로 이해할 수 있도록 설명을 잘했기 때문이리라. 어려운 내용이라도 친숙한 에피소드를 잘 곁들이면 본질이 간결하게 전해져 이해하기 쉽다.

당신도 책을 요약하는 연습을 할 때마다 요약한 내용과 연관된 자신의 에피소드를 떠올려보기 바란다.

내가 진행하는 1분 발표 수업의 수강생은 30명 정도여서 매번 30권 정도의 책이 소개된다. 10회를 강의하면 300권이나 된다. 각자 발표 때 사용하는 A4 용지의 형식도 공유하므로 최종적으로 300권 분량의 파일을 갖게 되고, 일단 이것은 모두 이해한 셈이 된다.

이 파일이야말로 단번에 시야가 넓어지는 엄청난 자산이다. 300권의 책을 이해하고 그 파일을 갖고 졸업할 수 있다는 것이 자신의 자산이라고 말한 학생도 여럿이었다.

요약하는 방식을 잘 모르는 첫 강의에서는 책 내용을 1분에 설명하려 해도 "읽긴 했는데 생각보다 정리하는 게 어려워서…", "제목과 내용이 완전 딴판이고 내용도 산만해서 딱히 기억에 남지 않습니다"와 같이 발표하는 학생도 있다. 그러나 2장에서 소개한 포맷에 따라 '한 줄 설명, 취지, 인용 1 · 2 · 3'의 흐름을 의식하며 설명하면 모두의 설명이 어느 하나 버릴 것 없이 재미있어진다. 30명이면 30명 모두 1분 프레젠테이션의 달인이 된다. 최종적으로는 내가 같은 책을 설명할 때와 거의 차이가 나지 않는다.

또한 이 수업을 받은 학생들은 일상에서 다른 사람의 설명을 들으면 어딘가 서툴게 느껴진다고 한다. '본질을 제대로 꿰뚫지 못한다', '정확히 요약하지 못한다', '인용이 없다', '이야기가 추상적이다'와 같은 문제점들이 저절로 눈에 보이게 된 것이다.

사실 보통 사람이 설명력 트레이닝을 할 일이 얼마나 있을까. 학생들 역시 처음에는 자신도 그들과 다름없었다는 생각과 함께 스스로 성장했음을 실감할 수 있었다고 말한다.

어려운 내용이라도 친숙한 에피소드를 잘 곁들이면 본질이 간결하게 전해져 이해하기 쉽다.

1분도 여유 있게 만드는 15초 트레이닝

당신은 설명에 최적인 시간이 어느 정도라고 생각하는가? 나는 15~30초로는 모자랄 수 있지만, 그렇다고 3~5분씩 길게 이야기할 필요는 없다고 생각한다. 결론적으로 말하면, 설명에 걸리는 시간은 최장 1분이면 된다. 최단 시간이 아니라 최장 시간이 1분이다. 1분이면 웬만한 것은 모두 설명할 수 있다.

1분을 기준으로 설명을 구성하면 핵심을 잡아 간결하고 능숙하게 전달할 수 있다. 내가 강의 때 학생들에게 책 한 권의 내용을 요약하여 발표하는 과제를 내줄 때도 제한시간이 1분으로 설정돼 있다.

이전에 월요일부터 금요일까지 두 시간 반짜리 아침 생방송 정보 프로그램에 출연한 적이 있다. 당시 나의 역할은 패널로서 광고가 시작되기 전 3초 또는 10초 단위로 '○○에 대해 설명해달라'는 사회자의 요청에 답변하는 것이었다. 이 경험으로 나의 설명력은 엄청나게 단련되었다. 이제는 '남은 15초 동안 ○○에 관해 한 가지 핵심만 설명해달라'라고 하면 '15초면 꽤 설명하겠구나' 싶은 생각이 든다.

나의 제자 중에 TBS 아나운서 아즈미 신이치로(安住紳一郎)가 있다. 그와 함께 몇 번 방송을 한 적이 있는데, 그는 그런 순발력이 가히 천재적인 인물이다. 남은 5초 동안 지금까지의 분위기와 자연스럽게 연결하면서 한 가지 소재로 재미난 이야기를 툭 던져 폭소와 함께 광고로 넘어가게 한다. 이것이야말로 프로의 기량이 아닐까 생각한다. 우리도 말하는 시간을 엄격하게 의식하는 트레이닝을 하면 반드시 설명의 달인이 될 수 있다.

간결하게 설명하려면 먼저 불필요한 말을 없애는 습관을 들여야 한다. 그래서 나는 강의에서 한 가지 소재를 15초에 말하는 15초 트레이닝을 시킨다. 5초는 너무 짧아 어려울 때가 있지만, 15초라면 한 가지 핵심은 충분히 설명할 수 있다.

대학 신입생에게는 개강과 동시에 15초간 무엇이든 설명하는 연습을 철저히 시킨다. '종교개혁을 15초에 설명하라', '만유인력의 법칙을 15초에 설명하라' 같은 과제를 낸다. 역사적 사건이면 무엇이든 상관없고, 본인이 알고 있는 지식이면 무엇이든 좋으니 4인 1조가 되어 15초씩 순서대로 몇 번씩 돌아가면서 연습하게 한다. 이런 연습을 반복하면 15초 감각에 익숙해져 무엇이든 쉽게 15초 만에 설명할 수 있게 된다.

15초라는 시간은 짧은 듯하지만 설명을 하기에는 충분히 긴 시간이다. 그러므로 이때도 나름의 흐름을 갖춰야 한다. 빨리 끝내도 안 되고, 정보가 너무 적어도 안 된다. 말을 더듬어 시간을 허비해서도 안 된다.

　15초라는 시간 동안 의미를 얼마나 담느냐가 중요하다. 나는 이것을 '의미 함유율이 높은 화법'이라고 부른다. "15초인데 이렇게나 많은 의미가 담긴다. 사금이 많이 함유된 모래 같은 화법을 목표로 하자"라고 학생들에게 말한다.

　1분간 능숙하게 설명하려면 먼저 이렇게 15초로 연습하는 게 가장 빠른 방법이다. 15초에 간결하게 설명하는 능력을 익힌 다음, 그 15초 부분을 4개로 구성하면 1분짜리 설명이 된다. 이를테면 한 가지 핵심에 15초를 사용하는 것이다. 핵심은 세 가지로 요약한다고 했으니 이를 모두 설명하면 45초다. 거기에 정리한 내용을 15초 더하여 1분짜리 설명으로 구성한다.

능숙한 설명은 1분이면 충분하다. 그 1분을 위한 화법은 15초 트레이닝으로 급격히 향상된다.

간결하게 설명하려면 먼저
불필요한 말을 없애는 습관을 들여야 한다.

15초에 모든 노하우를 담은 '광고'에서 힌트 얻기

최근에는 강의를 할 때 종이 자료를 활용하는 설명과 ICT(정보통신기술)를 활용하는 설명을 병행하는 대학이 많다. 요즘 학생들은 어찌나 영특한지 종이 자료를 보강할 영상을 만들어 오라고 하면, 마치 유튜버처럼 영상을 만들어 오거나 여러 개의 동영상을 조합하여 영화 예고편처럼 제작해 오기도

한다. 학생들의 이런 눈부신 재능에 깜짝깜짝 놀라곤
한다.

설명할 때 종이 자료와 인터넷 같은 ICT 양쪽을 활
용하면 전하고자 하는 메시지를 더 쉽게 이해시킬 수
있다. 빠른 정보와 느린 정보의 이해, 즉 안팎이 탄탄
한 물건을 양손으로 꼭 움켜쥔 듯 명료하고 이상적인
설명이 된다.

그런 의미에서 상업 광고는 빠름과 느림을 구사한 궁
극의 설명이라 할 수 있다. '15초'로 제한되어 있는 만
큼, 자질구레한 설명 없이 영상만으로 좋은 이미지를
전해 구매 욕구를 불러일으킨다. 또 보험 광고는 15초
에 모든 설명을 쏟아낸다. 차트를 한장 한장 넘기듯
'이렇습니다', '다음은 이렇습니다', '이렇게 하면 이렇
습니다' 하는 식으로 15초 동안 화면에 글자를 꽉꽉
채워 정보를 전달하기도 한다.

영상으로만 전하거나, 영상과 말을 조합하거나, 말

과 문자 정보로만 특화한 것 등 다양하다. 아주 짧은 시간이지만 광고 한 편에는 제작진의 모든 지혜가 담겨 있다. 나는 예전에 출연자로도, 제작자로도 관여한 적이 있어 얼마나 많은 사람이 15초를 위해 머리를 짜내는지 잘 안다.

광고에는 능숙한 설명에 필요한 힌트가 많이 담겨 있으므로 일상에서 설명할 때도 참고하면 큰 효과를 볼 수 있다. 영상을 주로 활용한 설명, 차트를 활용하여 속사포처럼 쏟아내는 설명, 대화만으로 하는 설명, 노래로 하는 설명 등 자신의 상황에 맞게 설명의 형태를 바꿔가며 구사하는 것도 설명에 능숙해지기 위해 갈고닦아야 하는 능력이다.

상업 광고는 빠름과 느림을 구사한 궁극의 설명이다.

어려운 단어보다
쉬운 단어를 활용한다

어른을 상대로 설명할 때와 초등학생을 상대로 설명할 때는 같은 내용이라도 당연히 방법이 달라진다. 당연한 얘기지만, 초등학생에게 설명할 때는 어른보다 이해 수준을 낮게 설정하여 쉽게 설명해야 한다.

설명력을 향상시키려면 일부러 초등학생에게 설명

한다는 느낌으로 다양한 주제를 활용하여 연습하는 것이 좋다. 초등학교 1학년은 말이 잘 통하지 않겠지만 4학년 정도면 쉬운 단어로 차근차근 설명하면 대부분 알아들으니, 4학년을 상대로 설정하고 다양한 주제로 설명해본다.

예를 들면, 하이데거가 《존재와 시간》에서 말하고자 했던 것을 초등학교 4학년의 눈높이에 맞춰 설명해보자. 그러려면 먼저 단어 선정이 달라야 한다. 하이데거 특유의 용어를 사용하지 말고 본질을 아주 쉽게 설명해야 한다.

"인간은 시간이 매우 중요한 생물이다. 왜냐하면, 인간은 살아가는 시간이 한정되어 있기 때문이다. 다른 동물들은 계속 살아간 결과가 죽음이기에 죽음에 관해 중요하게 생각하지 않는다. 하지만 인간은 자신이 언젠간 죽는다는 사실을 알고 살아간다는 점이 나머지 동물과 다르다.

죽음을 의식하고 살기 때문에 어차피 죽는다면 좀 더 충실하게 살아가려고, 더 열심히 살아가려고 하는 것이 인간 본연의 모습이라고 말한 사람이 하이데거다.

따라서 우리는 가능한 한 자기답게 살아가고자 스스로 뭔가를 선택하며, 우리의 인생은 그 선택의 연속이다. 예를 들면, 축구부에 들어간다거나 야구부에 들어간다거나 하는 것도 선택의 하나다.

우리는 한없는 시간 속에서 살아가는 것이 아니라 한정된 시간 속에서 그것을 의식하며 살아가는 존재다."

이렇게 설명하면 초등학교 4학년 정도는 대략 이해한다. 이 정도 수준에 맞춰 설명하려면 내용을 쉬운 말로 바꿔야 한다. 그리고 내용을 쉽게 이야기하려면 본질을 이해해야 한다. 이 연습을 반복하면 필연적으로 본질을 깊이 이해하여 알기 쉽게 표현하는 능력과 어휘력도 단련된다.

전문가 중에는 어려운 말만 나열하는 사람이 종종

있는데, 그래서는 일반인이 쉽게 이해할 수 없다. 진정한 설명의 달인은 상대가 초등학생이든 회사원이든 고령자든, 누구나 알아듣기 쉽게 설명한다. 본질을 깊이 이해하여 그것을 자신의 언어로 바꿀 수 있기 때문이다. 어린아이도 잘 이해시키는 것을 목표로 연습하면 설명력을 키우는 데 도움이 된다.

진정한 설명의 달인은 누구나 알아듣기 쉽게 설명한다.

스톱워치로
시간 감각을 익힌다

설명력을 향상시키려면 평소에 스톱워치를 가지고 다니는 것이 좋다. 나 역시 늘 스톱워치를 가지고 다닌다. 요즘엔 스마트폰에도 스톱워치 기능이 있지만, 그것은 어디까지나 스마트폰의 한 기능일 뿐이다. 나는 일부러 스톱워치를 휴대하는 수고를 해야 시간 감각을 높일 수 있다고 생각한다.

회의나 영업 또는 프레젠테이션 등에서 "그럼 5분만 설명하겠습니다" 하고 실례가 되지 않게 스톱워치를 살짝 누른다. 묵음 설정도 되니 주위에서 눈치채지 않게 사용할 수 있다. 이렇게 선언하고 정말 딱 5분에 설명을 끝내면 듣는 사람도 절로 감탄한다.

영업하는 자리에서 최악은 5분만 시간을 내어달라고 해놓고, 실제로 만나면 두서없이 이야기를 반복하여 30분이나 빼앗는 경우다. 이런 일을 당한 고객은 앞으로 그 사람을 다시는 만나고 싶지 않을 것이다. 이와 반대로 5분에 딱 맞춰 끝내면 신용을 얻어 '5분에 끝낸다면 괜찮다'며 다시 시간을 내어줄 것이다.

"3분에 끝내겠습니다", "5분만 시간을 주세요"라고 말하면서 정말 스톱워치를 누르는 사람은 거의 없다. 그런 만큼 직접 스톱워치를 누르고 시간을 관리하면 대다수 사람과는 차원이 다른 설명의 달인이 될 수 있다.

스톱워치를 누르는 행위는 상대를 시간으로 속박하는 것이 아니다. 나의 시간 감각을 단련하여 상대에게 폐를 끼치지 않으려는 것이니 절대 실례가 되지 않는다.

극단적으로 말하자면, 스톱워치와 한 몸이 될 정도로 몸에서 한시도 떼어놓지 말기를 권한다. 물론 잡담할 때 스톱워치를 누르면 이상하니 그런 경우는 제외다. 친해지기 위한 시간이나 잡담 시간은 인간관계를 형성하는 데 필요하니 시간에 구애받지 않고 여유롭게 이야기하는 것이 좋다. 다만, 설명에 들어가면 시간 감각으로 무장하여 일사천리로 말하는 스타일을 목표로 하자.

현대 사회에서 "사람은 좋은데 말에 두서가 없고 늘 횡설수설이야"라는 평가를 받는다면 주변에 많은 폐를 끼치고 있다는 의미다. 종종 심포지엄 참가 의뢰를 받았을 때도, 나는 주어진 강연 시간이 5분이면 정확하게 5분에 이야기를 끝낸다. 하지만 현실은 다른 강연자들이 시간 내에 이야기를 끝내는 경우가 드물어, 결과적으로 자꾸 시간이 미뤄져 마지막 강연자의 시간이 줄어들기도 한다. 이것은 규칙 위반이다. 주어진 시간이 5분이면 5분, 2분이면 2분에 모든 이야기를 정리해야 한다.

우리는 지각에 엄격하고 시간 감각도 확실한 듯하지만, 실은 의외로 느슨하다. 회의 때도 지각은 엄중히 다루면서 회의 자체는 느슨하게 진행하는 경향이 있다. 1시간으로 예정돼 있었는데도, 10분도 좋고 20분도 좋고 아무렇지 않게 늘린다. 이처럼 시간 감각이 느슨하다면 설명력 향상은 기대하기 어렵다.

항상 스톱워치를 가지고 다니며 시간 감각을 익히면, 설명력이 눈에 띄게 향상될 것이다.

직접 스톱워치를 누르고 시간을 관리하면
대다수 사람과는 차원이 다른 설명력을 갖출 수 있다.

다른 사람의 설명에서 배울 점을 찾는다

설명력을 키우려면 다른 사람의 설명을 제삼자로서 객관적으로 듣는 것도 큰 공부가 된다. 누군가의 설명을 들을 때 어떤 점이 좋은지 또는 어떤 점이 좋지 않은지 의식하며 듣는다. 평소에는 그냥 흘려듣기 쉽지만, 의식하고 들어보면 '이 사람은 이해하기 쉽게 설명을 잘하는구나!' 또는 '자질구레한 설명이 많아 전체를 파악하기 어렵구나!' 하는 식으로 다양한 면을 깨닫게 된다.

상대의 설명이 이해하기 쉬웠다면 어떤 점이 이해하기 쉬웠는지, 이해하기 어려웠다면 왜 어렵게 느껴졌는지 나름대로 분석해본다. 그러면 먼저 결론을 명확히 제시해서 이해하기 쉬웠다거나, 이야기가 중복되어 이해하기 어려웠다는 등의 원인을 알게 된다. 이런 분석을 통해 좋은 점은 자신이 설명할 때 활용하고, 나쁜 점은 그런 실수를 하지 않도록 하여 설명력을 키우자.

업무 보고나 프레젠테이션, 사적인 대화 등 살면서 설명해야 하는 상황은 참으로 다양하다. 결혼식 축사도 어떤 면에서는 설명이다. 축사를 들으면서 서두가 길진 않은지, 속도가 느리진 않은지 등을 염두에 두면서 객관적으로 듣는 연습을 한다. 평소 이런 관점에서 다른 사람의 이야기를 듣는 습관이 들면, 자신이 설명할 때도 그런 점을 저절로 의식할 수 있다.

　다른 사람의 설명을 듣고 좋은 점을 배울 요량이라면, TV 정보 프로그램 출연자의 설명을 듣는 게 큰 도움이 된다. TV 프로그램은 시간이 초 단위로 관리되므로 시간 감각을 갈고닦은 설명의 달인들만 나온다. 그런 설명의 달인들이 하는 이야기를 생각 없이 흘려듣지 말고 저 설명은 왜 알기 쉬운지, 저 사람은 어떤 설명에 강한지 의식하면서 보자. 그렇게만 해도 설명을 잘하는 노하우를 상당 부분 익힐 수 있다.

누군가의 설명을 들을 때 어떤 점이 좋은지
또는 어떤 점이 좋지 않은지 의식하며 듣는다.

책의 목차에서
요약의 구조를 배운다

2장에서 포맷에 따라 책을 요약하는 방법을 다뤘는데, 이번에는 구체적인 방법을 소개하겠다.

책 표지 어딘가에는 반드시 그 책의 내용을 단문으로 정리한 소개 글이 실려 있다. 이 부분을 훑어보고 대략 내용을 파악한다.

다음은 서두를 훑는다. 서두에는 대부분 저자가 전하고자 하는 내용이 정리되어 있어 서두만 읽어도 책의 내용을 대략 설명할 수 있다. 일종의 편법이라고 할 수 있지만, 나름대로 효과가 있는 방법이다.

그런 다음 목차를 읽는다. 목차가 잘 정리된 책은 골격이 튼튼하여 책의 취지를 바로 이해하게 해준다. 목차만 보고 내용을 대략 파악할 수 있는 책도 있다. 보통의 책은 저자가 자신의 연구 결과를 압축적으로 정리하여 일반 독자에게 널리 읽히기 위해 쓰기 때문에, 각 장의 구성 방식에도 신경을 써서 중복되지 않게 정리한다. 그래서 목차만 봐도 전체 내용을 이해할 수 있는 책이 많다. 요약 연습을 할 때는 목차가 잘 정리된 책을 중심으로 하는 게 가장 효과적이다.

목차로 전체를 파악하는 힘이 단련되면, 직접 글을 쓸 때 전체 구성과 목차를 작성하는 데 어려움을 느끼지 않게 된다.

물론 저자가 생각나는 대로 쓴 듯 목차가 구조적이지 않은 책 중에도 재미있는 책은 있다. 하지만 머릿속을 정리하여 요약 능력과 설명력을 키우고 싶다면, 목차 하나하나의 항목이 전반적으로 어떤 의미인지 명확하고 질문이 확실한 책을 연습 교재로 삼는 것이 좋다.

책은 두뇌를 단련하는 최고의 트레이닝 도구다. 머리 좋은 사람의 문장을 읽으면 실제로 독자의 머리도 좋아진다. 마치 운동선수와 함께 운동하면 본인도 저절로 실력이 느는 것과 같다. 테니스나 탁구 등을 할 때 프로 선수가 상대를 해주면 그것만으로도 실력이 급격히 향상되지 않는가.

책은 사고의 흐름이 표현된 것으로, 독자는 책을 읽음으로써 저자의 사고 흐름을 따라가게 된다. 잘 정리된 책을 읽으면 머릿속이 아주 말끔히 정리되고 사고력이 단련되는 것이 그 때문이다.

일반인이 일류 운동선수와 함께 연습하는 일은 일단 별로 현실성이 없다. 하지만 책이라면, 그 방면에서 활약한 대가의 사고를 손쉽게 접할 수 있다. 책을 두뇌를 단련하는 도구로 사용하는 건 아주 간편하고도 유용한 방법이다.

요약 연습을 할 때는 목차가 잘 정리된 책을
중심으로 하는 게 가장 효과적이다.

알기 쉬운 설명을 하는 데 도움이 될 만한 도구를 추천해달라는 말을 들으면, 나는 예외 없이 삼색 볼펜을 꼽는다. 설명할 사항을 정리하고 요점을 명확히 하는 데 큰 도움이 되기 때문이다.

자료를 읽을 때는 빨강, 파랑, 초록으로 분류하여 밑줄을 긋는다. 사람마다 달리 정할 수도 있지만, 나는 각각의 색을 이렇게 사용한다.

- 절대 빠트려서는 안 될 가장 중요한 부분은 빨강 펜으로 밑줄을 긋는다.
- 적당히 중요한 부분은 파랑 펜으로 표시한다.
- 중요도는 낮지만 재미있다고 느낀 부분은 초록 펜으로 표시한다.

이렇게 색으로 분류해놓으면 우선순위가 일목요연해진다. 삼색 볼펜을 활용하면 다양한 상황에서 적절한 설명을 할 수 있다. 예컨대 회의 중에 자기 순서가 왔을 때도 적절한 내용과 시간으로 발언할 수 있다. 정보를 색으로 분류하여 정리하면, 지금 필요한 정보를 골라 적절한 시간에 맞춰 설명을 구성할 수 있기 때문이다.

나는 대입 수험공부를 하던 10대 무렵부터 계속 삼색 볼펜을 활용하여 정보를 정리해왔다. 벌써 40년 이상이 되었지만, 지금도 자료를 읽을 때는 여전히 삼색 볼펜으로 밑줄을 긋는다.

손에 들어온 정보는 절대 흰 종이에 검은 글씨 그대로 둬서는 안 된다. 우선 가볍게 훑은 다음 삼색으로 분류하여 중요한 부분에 밑줄을 그어야 키워드가 쉽게 눈에 띈다.

종종 방송에서 다양한 분야의 해설이나 설명을 해 달라는 의뢰를 받는데, 그럴 때도 일단 읽은 자료에 반드시 삼색 볼펜으로 표시를 한다. 그 자료를 들고 가 설명하기 직전에 다시 한번 들여다본 후 이야기한다. 그러면 중요한 키워드를 놓칠 염려도 없고, 시간 상으로 여유가 있을 때는 '초록 펜으로 표시한 부분까지 이야기할 수 있겠군' 하는 판단도 할 수 있다.

TV 생방송은 정말이지 몇 초에 사활이 걸렸다고 할 만큼 시간이 중요하다. 다른 출연자도 자기 차례를 기다리고 있는데, 꼭 전해야 할 정보가 떠오르지 않아 우물우물하면 모두에게 피해가 간다. 불필요한 말을 하고 있을 시간이 없다. 절대적으로 빈틈없는 설명이 필요한 것이 TV 생방송이며, 나는 생방송 출연을 통해 삼색 볼펜의 엄청난 효과를 더 확실히 알게 됐다.

자료에서 키워드를 떠올릴 수 있다면 설명력은 향상된다. 설명의 달인이 되고 싶다면 이런 사전 작업도 절대 소홀히 해서는 안 된다.

정보를 색으로 분류하여 정리하면,
지금 필요한 정보를 골라 적절한 시간에 맞춰
설명을 구성할 수 있다.

설명력은 트레이닝을 통해
얼마든지 향상이 가능한 능력이다!

4

내 말이 먹히기 시작하는
실전 설명의 기술

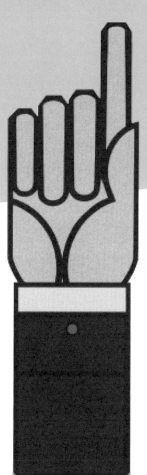

시작부터 상대를 끌어당기는 '통설 BUT' 설명법

지금부터 설명력의 응용 편으로 몇 가지 방식을 소개하겠다. 가장 먼저, 알기 쉬운 설명의 응용형으로 '통설 but' 형태가 있다. 간략화하자면, 다음과 같은 설명 방식이다.

- 보통 알려지기로는 ○○이다(통설). 그러나(but)

실은 △△이다.

설명 도입부에서 이렇게 제시한 후 각 요소의 설명으로 들어간다.

- 지금까지 이렇게 이해했겠지만, 실은 ○○이다.

  → '통설 but'
- 그것은 이런 것이다.

  → 자세한 설명, 핵심은 최대 세 가지로 압축
- 예를 들면 ○○이다.

  → 구체적인 예, 에피소드, 데이터 제시
- 즉 이렇다.

  → 전체 정리

논문이 대부분 이런 형태를 취한다. 통설을 제시하고 '사실은'이라고 하면서 내용을 전개해간다. 단, 논문에서도 통설 소개가 너무 장황하면 서론이 길어져 언제 본문으로 들어갈지 기다리느라 읽는 사람은 답답해진다.

설명할 때는 통설 부분을 압축해야 한다. '이런 제품군의 특징은 ○○로 꼽히지만, 우리 회사 상품의 특장점은 △△이다', '○○가 고혈압의 원인으로 알려져 왔지만, 실은 △△가 원인이었다'와 같은 식으로 서두를 얼마나 간결하고 강렬하게 전하느냐가 설명의 달인이 되느냐 되지 못하느냐의 갈림길이다. 이 의외성이 클수록 듣는 사람의 마음을 초반부터 확 끌어당길 수 있다.

이런 기법은 TV 정보 프로그램이나 퀴즈 프로그램에서도 자주 사용된다.

예전에 한 생활 정보 프로그램에서 '지방과 건강'에 관한 방송을 했는데, 진행자가 다음과 같이 말문을 열었다.

"캐나다 북극해 연안에 사는 이누이트족은 바다표

범을 먹습니다. 바다표범은 다량의 지방을 축적하고 있기에 결과적으로 이누이트는 세계에서 지방을 가장 많이 섭취하는 셈입니다. 그런데도 동맥경화로 심근경색을 겪는 사람이 적고, 혈액검사를 하면 혈중 콜레스테롤 수치도 낮아 건강합니다. 그 이유는 뭘까요?"

몹시 흥미로운 서두에 나도 모르게 끌렸는데, 이 전개도 '통설 but'의 전개라고 할 수 있다. 방송은 그렇게 시작하여 '지방 중에 오메가3라는 지방이 있는데 바다표범의 지방도 오메가3에 해당한다. 이 지방은 혈액 순환에 효과가 있다'라는 설명으로 이어졌다.

또한 지나친 섭취는 혈액 응고를 저해한다고 설명하며 이누이트 아이가 코피 흘리는 사진을 보여주기도 했다. 그 사진 하나로 '혈액 순환이 너무 잘되어 피가 잘 멎지 않는다'라는 메시지가 시청자에게 순식간에 전해졌다.

우리가 이 오메가3를 섭취하려면 어떻게 해야 할까? 바다표범은 시중에서 판매되고 있지 않지만, 똑같은 오메가3를 함유한 다른 기름으로 '들기름'이 있다는 결론을 내며 프로그램은 끝을 맺었다.

설명 도중에 보충자료로 영상과 사진, 데이터, 그래프를 제시하며 시청자에게 반복해서 '이해했다는 느낌'을 주는 방식으로 구성된 프로그램이었다. 보는 사람이 한눈팔지 않고 집중하게 하는 매우 탁월한 구성이다.

설명할 때는 먼저 상대의 흥미를 불러일으켜야 한다. 지루해서 진지하게 받아들이지 못한다면, 설명을 아무리 열심히 해도 소용없다. 언제나 듣는 사람의 귀를 솔깃하게 한다는 의미에서 TV 프로그램은 매우 훌륭하다. 제작진에게는 시청자가 절대 채널을 돌리지 못하도록 연구에 연구를 거듭하며 쌓아온 노하우가 있다.

'통설 but' 설명법도 그 노하우 중 하나다. 우리가 일상생활에서 설명할 때도 이 방법은 매우 유용하다.

의외성이 클수록 듣는 사람의 마음을 초반부터 확 끌어당길 수 있다.

마음을 움직이는
최고의 비결, 공감

TV 프로그램으로 들기름의 효능을 알게 된 나는 바로 근처 슈퍼에 들기름을 사러 갔지만, 처음 들른 슈퍼는 이미 품절이었다. 방송 덕분에 들기름 대란이 일어난 모양이었다. 콜레스테롤이 걱정되어 어떻게든 먹어보려고 슈퍼를 몇 군데나 찾아다닌 끝에 겨우 들기름을 손에 넣었다.

개인차도 있어 어디까지나 나의 경우만 말하자면, 매일 들기름을 한 숟갈씩 꾸준히 먹었더니 콜레스테롤 수치가 상당히 내려갔다. 물론 다른 요인도 있었겠지만 정말 놀라웠다. 이런 경험도 있고 해서 나는 잡담할 기회가 있으면 늘 들기름 이야기를 한다. 그때는 반드시 나의 경험도 섞어 "실제로 콜레스테롤 수치가 ○○까지 내려갔어요"라고 이야기한다.

정보에 자신의 에피소드나 체험을 더해 이야기하면 설득력이 급격히 높아진다. 지금은 뭔가 궁금한 게 있으면 인터넷으로 바로 검색할 수 있고 꽤 괜찮은 설명도 만날 수 있다. 그러나 사람이 직접 하는 설명은 인터넷에서 얻는 정보와 달리, 설명하는 사람의 감정과 열정이 생생하게 전해진다는 강점이 있다.

예를 들어 엄청난 인기를 끌었던 영화 〈보헤미안 랩소디〉에 대해 이렇게 설명한다고 해보자.

"세계적인 록밴드 퀸의 전기 영화로, 프레디 머큐

리의 인생을 중심으로 밴드 멤버 간 불화와 교류 등을 섞어가며 퀸의 역사를 더듬은 후 웸블리 스타디움에서의 라이브 영상으로 마무리했어."

이런 설명을 듣는다면 아마 '재미있겠다'라는 느낌 정도로 그칠 것이다.

그런데 만일 이렇게 설명한다면 어떨까.

"나도 보러 갔는데, 마지막 라이브 영상이 나올 때는 마치 콘서트장에 있는 듯이 음악에 맞춰 몸이 저절로 리듬을 타고 프레디 머큐리가 부활한 것 같은 감동을 받았어."

이런 설명을 듣는다면 직접 영화를 보러 가고 싶다는 생각이 들지 않을까?

설명은 포맷이 중요하다고 여러 차례 이야기했지만, 물론 그것은 기본 전제로서의 포맷이다. 포맷을 따르면 설명이 능숙해진다. 단, 포맷에 충실하느라 설명이 무미건조해지는 것은 피해야 한다. 포맷대로 착착 진행하더라도 감정의 움직임이나 열정, 억양이 있어야 상대의 마음을 움직일 수 있다.

그러려면 먼저 자신의 감정을 생생하게 움직여야 한다. 단순히 요약의 차원을 넘어 플러스알파가 있어야 인터넷에는 없는 사람에 의한 훌륭한 설명이 된다. 열정 넘치는 말투에 자신의 체험과 에피소드가 더해지면 훨씬 알기 쉬운 설명이 된다. 본인 스스로 피와 살이 되었다고 느끼는 설명은 반드시 상대의 마음을 움직인다.

설명력이란, '잘하자, 잘하자'라고 다짐한다고 뜻대로 되는 것은 아니다. 물론 확실한 데이터나 사실, 원전 인용 등 객관적인 근거가 절대적으로 필요하지만 자신의 감정을 어떻게 움직이느냐 하는 부분도 플러스알파로서 중요하다.

사람이 직접 하는 설명은 인터넷에서 얻는 정보와 달리, 설명하는 사람의 감정과 열정이 생생하게 전해진다.

이해시키고 싶다면
핵심만 밀어붙여라

설명을 잘하려면 구성을 생각하거나 자료 작성 같은 사전 조사가 꼭 필요하지만, 거기에만 너무 연연해서도 안 된다. 설명의 달인은 미리 걱정하지 않고 그 자리의 분위기나 반응에 임기응변으로 대처하는 능력이 뛰어나다.

설명은 상대가 있어야 하므로 항상 상대의 이해 정도를 파악하면서 진행해야 한다. 설명하는 사람에게는 너무 당연하여 생략한 부분이 처음 듣는 사람에게는 꼭 필요한 정보인 경우도 있기 때문이다. 그 정보가 생략되면 나머지 내용이 너무 어려워져 이해하길 포기해버리기도 한다.

설명이 길어지거나 조금 깊이 들어갈 때는 "지금까지의 내용은 이해했나요?", "질문은 없습니까?", "이것과 저것의 차이를 아시겠어요?"라고 가볍게 확인 질문을 하면서 진행한다.

앞서 언급했듯이, 듣는 사람에 따라서는 자신이 어떤 부분을 이해하지 못하는지조차 모를 수도 있다. 이를 고려하여 "이 부분은 이해가 되나요?"라고 구체적인 지점을 짚어가며 질문하는 기술도 필요하다. 먼저 그런 질문을 받으면 상대도 '맞아. 그러고 보니 그 부분은 약간 이해하기 어려웠어'라고 자신의 의문점을 명확히 알 수 있다.

이처럼 상대의 이해 정도를 확인하면서 설명하고 있는데, 당연히 이해하리라 생각했던 부분까지 어려워한다는 게 분명해지면 과감하게 궤도를 수정한다. 예컨대 세 가지를 설명할 예정이었더라도 한 가지를 포기하고 두 가지만 설명하는 임기응변식 대처를 한다. 즉, 꼭 알아야 하는 부분을 집중적으로 설명하면서 '이것만은 이해해야 한다'라고 강조한다.

한 가지도 겨우 이해하는 상황이니, 애초의 계획에 집착하여 세 가지를 전부 설명해봤자 혼란만 더할 뿐이다. 그보다는 '이것만'으로 압축하여 이해할 수 있게 설명하는 편이 낫다.

나는 택시를 이용할 때 보통 신용카드로 결제하는데, 카드 결제 방식에 익숙하지 않은 기사님도 더러 있다. 그래서 신용카드를 자주 이용하는 내가 카드 결제 방식을 설명해주기도 한다. 이럴 때도 필요한 부분만 딱 짚어 '이것만' 하면 된다고 설명한다.

"버튼을 누르고, 여기에 카드를 넣은 다음, 아래로 긁듯이 내리면 됩니다."

왜 그렇게 하는지 이유까지 설명할 필요가 없으므로 순서만 설명한다.

알기 쉬운 설명이란, 반드시 전부를 설명하는 것이 아니다. 융통성이 부족한 사람은 이 부분을 오해하기도 한다. 곧이곧대로인 사람들은 대체로 처음부터 끝까지 열심히 설명하려는 경향이 있는데 그렇게 집착할 필요는 없다. 설명의 달인은 지금 상대가 필요로 하는 것을 알아채고 알기 쉽게 설명한다.

설명은 항상 상대의 이해 정도를 파악하면서 진행해야 한다.

상대의 마음을 움직일 정도로 능수능란하게 설명하려면 상대가 직접 참가하는 참가형 설명도 하나의 방법이다.

나는 수업에서 복창 방식을 도입한 적이 있다. "지금부터는 내가 하는 말을 그대로 따라 하세요"라고 한 후 수업의 핵심이 되는 한 문장을 읽는다. 그러면 학생들이 그대로 따라 한다. 이처럼 자기 목소리로 말하면 설명을 그냥 흘려듣지 않고 기억에 잘 정착시키는 효과가 있다.

사실 교사와 학생 관계가 아니면, 따라 말하라고 하기가 어렵다. 그럴 때는 '체험형 설명'을 도입하여 설명해본다. 체험형 설명이란, 말 그대로 설명을 듣기만 하는 게 아니라 실제로 체험해보게 하는 방식을 말한다. 실제로 해보면 말로만 듣는 것보다 훨씬 쉽게 이해한다.

내가 중학생 때 모터스포츠 경기장에서 사회 과목 체험학습을 한 적이 있다. 실제로 엔진을 분해하여 자동차 구조를 보여주는 이벤트였다. 중학생이 진짜 엔진을 분해하는 경험을 언제 해봤겠는가. 몇 명씩 팀으로 나뉜 우리는 모두 들떠서 신나게 분해했다. 분해를 마쳤더니, 안내하던 분이 이제 다시 조립해보라고 했다. 우리 팀은 어안이 벙벙해져서 한참 말을 잊었다. 가만 보니 옆 친구들은 분해한 부품을 순서대로 가지

런히 정리해놓았는데, 우리 팀은 분해에만 열을 올리며 중구난방으로 늘어놓았다. 기억을 더듬어가며 애썼지만 결국 조립하지 못했다. 그런 우리를 보고 안내하던 분이 조립을 해가며 설명을 해줬는데, 정말 머릿속에 쏙쏙 들어왔다.

벌써 40년이나 지난 일이지만, 그때의 경험은 아직도 기억에 남아 있다. 아마도 단순히 설명만 듣는 방식이 아니라 체험 방식의 이벤트였기 때문일 것이다. 거의 반세기가 지났음에도 여전히 기억에 남아 있을 만큼 실제 체험은 매우 강렬한 설명 방식이다.

이 방식은 다양한 설명에 응용할 수 있다. 이를테면, 드론을 설명할 때 설명하는 사람만 시범을 보이는 것보다 실제로 드론을 하나씩 나눠주고 직접 조작해보면서 설명을 듣게 하면 쉽게 이해할뿐더러 기억에도 오래 남는다.

학교에서 세계지리 수업 시간에 선생님이 교단에

지구본 하나를 놓고 보여주며 설명하는 방식과 네 명에 하나씩 지구본을 주고 가까이서 보게 하는 방식은 학생들의 이해도 면에서 현격한 차이가 난다. 네 명에 하나씩이면 그 수업은 분위기가 매우 고조되지만, 선생님이 교단에서 지구본을 보여주며 이러니저러니 설명하면 학생들은 흥미를 덜 느낀다. 체육 수업으로 축구를 할 때도 선생님이 시범만 보이면 학생들은 따분해한다. 학생들은 한 사람당 공이 하나씩 있으면 좋겠다고 생각할 것이다.

〈100명의 아이가 기차를 기다리고 있다(Cien ninos esperando un tren)〉라는 영화가 있다. 칠레의 저소득층 아이들을 위해 영화 교실을 연 엘리시아 선생님과 제자들의 모습을 그린 다큐멘터리 영화다.

엘리시아 선생님은 가난해서 문화를 접할 일이 적은 아이들에게 어떻게든 영화 문화를 이해시키려고 '조이트로프(Zoetrope: 초기 애니메이션에서 사용한 기구로 작은 구멍을 통해 그림이 움직이는 모습을 볼 수 있게 한 활동 요지경-옮긴이)'라는 완구를 만들어 한 사람에게 하나씩 나누어주었다. 엘리시아 선생님이 아이들의 수만큼 만든 조이트로프를 모두에게 건네주는 장면이 무척 인상적이었다. 그가 고생을 무릅쓰고 그렇게 한 이유는 아이들이 자기 것을 가지고 실제로 체험해보면 영화의 매력과 자신이 설명한 내용을 더 잘 이해할 수 있으리라 생각해서였을 것이다.

설명할 때는 본보기나 실물을 한 그룹에 적어도 하나씩은 줘야 한다. 전원이 실제로 체험할 수 있는 상황을 만들면 설명은 귀에 쏙쏙 들어오게 마련이다.

흔히 설명하면서 "종이에 직접 써보세요"라고 하는데, 이때도 종이는 반드시 한 사람당 한 장씩 나눠주어야 한다. 요즘에는 스크린에 파워포인트 자료를 비추는 것만으로 설명을 진행하는 방식이 많은데, 이렇게 하면 듣는 사람의 머릿속에 별로 남지 않는다. 파워포인트는 사용하는 측도 편리하고 보는 측도 손을 움직이지 않고 그냥 보기만 해도 되니 편리하기는 하다. 그림 자료도 많이 활용할 수 있기에 화면만 봐도 이해한 것 같다는 생각이 들 것이다. 하지만 돌아서면 거의 기억에 남지 않는다.

미리 만들어놓은 자료를 순서대로 보여주는 방식은 생동감이 없어 듣기에 따분해질 수 있다. 스크린을 사용하기 위해 실내를 어둡게 하므로, 심한 경우 졸기도 한다. 물론 영상으로 쉽게 이해되는 부분도 있어 좋은 점도 있지만, 거기에 약간의 종이 설명을 조합해야 한다. A4 용지를 한 장 주고 진행 상황에 따라 직접 종이에 적어 넣게 하면, 나중에 설명 내용을 떠올릴 때 도움이 된다.

직접 손을 움직여 종이에 적어 넣는 것도 듣는 사람을 설명에 동참하게 하는 것이다. 들으면서 잘 적어 넣을 수 있도록 이야기를 전개해가는 것도 알기 쉽게 설명하는 좋은 방법이다.

실제로 해보면 말로만 듣는 것보다 훨씬 쉽게 이해할 수 있다.

'이득이 된다는 느낌'을 준다

설명은 상황에 따라 연출 요소도 중요하다. 그 전형이 상대가 '이득이 된다는 느낌'을 받도록 하는 것이다. 상대는 듣는 게 이득이라고 느끼면 설명에 더 진지하게 몰입한다.

대표적인 예가 "이건 어제 막 집계한 최신 데이터인데…", "이건 비공개 데이터지만…" 하고 귀한 정보

임을 강조하는 것이다. 사람들은 다른 데서는 들을 수 없는 '우리끼리 이야기'에 아주 약하다. 큰 강연장에서 많은 사람을 상대로 프레젠테이션을 하면서 '우리끼리 이야기'라고 하면 약간 모순 같지만, 그래도 그 자리에 있는 사람은 무의식중에 그렇게 인식한다.

물건을 판매할 때도 이득이 되는 정보나 기한 한정이라는 말은 사람의 마음을 끌어당긴다. 일 년 내내 기간 한정 세일이나 폐점 세일을 하는 가게조차 있지 않은가. 그런 특별함, 이익이 된다는 느낌을 자아내는 설명은 담담한 설명보다 훨씬 낫다.

다만 '이렇게 하면 돈을 번다'와 같은 말은 수상한 사탕발림 같으니 절대 사용해서는 안 된다. 여기서 중요한 것은 '금전적인 이득'이 아니라 '이득이 된다는 느낌'이다.

"이 데이터는 다른 데서는 절대 공개한 적이 없지만, 이번에 특별히 공개하겠습니다"라고 말하면 상대는 진지하게 설명을 들을 것이다. 정말 귀한 데이터인데 그런 정보도 전혀 말하지 않고 아무런 감정의 기복 없이 담담하게 설명하는 것은 정말 아까운 일이다. '이 설명을 들으면 분명 이득'이라는 느낌을 받을 때 듣는 태도도 더없이 진지해진다.

그 밖에 '이렇게 하면 일이 엄청나게 재미있어진다', '사실은 여기가 핵심이다'와 같은 점도 명확히 강조해야 한다. '이렇게 하면 더러움이 싹 가신다', '이렇게 하면 글씨를 예쁘게 쓸 수 있다'와 같이 특별할 것 없는 말도 상대가 몰랐던 거라면 이득이 된다는 느낌을 줄 수 있다.

선물로도 상대의 마음을 움직일 수 있다. 비싼 선물로 매수하라는 말이 아니다. 사소한 한 장짜리 자료라도 도움이 될 것 같다며 챙겨주는 것이다. 구하기 힘든 데이터나 유용한 노하우 등 생생한 정보가 정리된 자료를 내밀며 "때마침 챙겨 왔네"라며 선물로 연출한다.

상대가 이득이 된다는 느낌을 가지면 설명에 진지

하게 귀를 기울이므로 설명이 더 잘된다. 설명의 달인이 되기 위해 이런 연출 방법을 알아두는 것도 이득이 되는 일이다.

사람들은 다른 데서는 들을 수 없는
'우리끼리 이야기'에 아주 약하다.

키워드의 연관성을
시각화한다

도해나 출력물, 영상은 설명할 때 좋은 보충자료다. 자세한 해설은 일단 제쳐두고 대략적인 골격과 전체 이미지를 빠르게 이해하는 데 매우 도움이 된다.

도해란 키워드 등에 괄호를 치거나 번호를 매겨 화살표나 선, 등호로 이은 것을 말한다. 화살표 방향이 어느 쪽을 가리키는지, 반대쪽을 향해 있는지, 양쪽으로 마주하고 있는지, 또 등호로 이어져 있는지 등으로 의미를 나타낸다. 화살표 방향은 시계열이나 인과관계의 의미가 있으므로 그 내용에 맞춰 정확하게 표현해야 한다. 종종 서로 의미가 다른 것끼리 나열하거나 인과관계가 아닌 것을 화살표로 이은 도해 또는 단순히 키워드를 추출하여 선이나 화살표로 잇기만 한 도해가 보이는데, 이는 이해하는 데 그다지 도움이 되지 않는다. 단순히 키워드를 시각화하는 것이 아니라 키워드의 연관성을 시각화하는 것이 도해의 기본이다.

또한 단계적인 작업, 즉 순서를 설명할 때도 도해가 큰 도움이 된다.

쉬운 예로 요리 레시피를 들 수 있다. 레시피는 글로 주절주절 적어놓으면 머리에 잘 들어오지 않는다. 그런데 조리 순서를 ①, ②로 표시하여 도해로 만들면 일목요연해진다. 거기에 '큰술 1, 작은술 1'과 같은 부분에 일러스트를 더하면 한눈에 들어와 더욱 쉽게 이해할 수 있다.

신입사원에게 업무 순서를 가르칠 때도 도해로 하면 훨씬 이해시키기 쉽다. 평소 일상적으로 하던 일을 아무것도 모르는 사람에게 가르치려 하면 의외로 어렵다. 이럴 때 순서를 매겨 도해를 만들면 의식하지 않았던 부분까지 포함하여 다시 정리되므로 알기 쉽게 설명할 수 있다. 상대도 화살표 방향만 따라가면 시각화한 순서가 한눈에 들어와 쉽게 이해할 수 있다.

실제로 도해를 만들 때는 '손글씨'와 '색'을 활용하면 훨씬 효율적이다.

도해 등에 쓰이는 문자는 대부분 컴퓨터 글씨체여서 어쩌다 손글씨나 그런 글씨체의 문자가 있으면 굉장히 시선을 끈다. 컴퓨터 글씨체는 무미건조하게 느껴져 머리에 잘 들어오지 않지만, 손글씨는 사람의 신체가 관여했다는 온기가 있어 이해하기 쉬워진다.

서점에서 책을 매대에 쌓아놓고 그 옆에 판촉 문구

가 적힌 광고판을 세워둘 때가 있다. 이 광고판으로 월등한 매출을 올리는 직원이 있는데, 그들이 만든 광고판도 대부분 손글씨다. 그래서 서점에서는 컴퓨터로 만든 광고판보다 손글씨로 만든 광고판에 공을 들인다고 한다.

이런 손글씨의 온기는 앞으로 점점 중요해진다. 전부 손으로 적을 수는 없어도 일러스트의 한 부분을 손글씨로 부각하는 등 일부러 수작업 느낌을 내는 것이 알기 쉬운 도해를 만드는 요령이다.

또한 컬러 도해라면 색을 활용하여 더욱 알기 쉽게 만들 수 있다.

나는 종종 TV 퀴즈 프로그램의 출제와 제작을 돕기도 한다. 예를 들면 '행(行)이라는 글자의 가운데에 어떤 글자를 넣어 다른 글자를 만들어보라' 같은 문제가 있다.

이 문제의 답을 제시할 때는 '행(行)'자를 빨강으

로 표시해 양쪽으로 벌리고, 그 가운데에 다른 색으로 '중(重)' 자를 넣어 '충(衝)'이라는 글자를 만든다. 이렇게 하면 두 개의 한자가 만나 '충'이라는 한자가 됐음을 한눈에 알 수 있다. 도해에 색을 잘 활용하면 상대의 이해도가 급격히 높아진다. 이런 점에도 유의하면서 알기 쉬운 도해를 만들어보자.

도해를 만들 때는 '손글씨'와 '색'을 활용하면 훨씬 효율적이다.

자료에 온기를 더하면
눈길이 간다

　　　　　　　　의사나 약사 등 의료 관계자를 대상으로 한 강연도 가끔 하는데, 이때의 주제는 대부분 '알기 쉽게 설명하는 방법'이다.

　진찰실에서 의사가 환자에게 설명하는 상황은 자주 일어나는데, 환자가 의사의 말을 제대로 이해하지 못하는 경우가 의외로 많다. 처방받은 약의 복용법이나 수술 또는 검사를 앞두고 주의사항이나 증상 등 의사가 환자에게 설명하는 상황은 무수히 많다. 이럴 때는 보통 어떤 자료를 바탕으로 설명하는데, 나는 그 자료를 환자에게 그대로 건네서는 안 된다고 강조한다.

설명 내용이 적힌 자료를 건네기만 해서는 알기 쉬운 설명이 되지 않는다. 거기에 볼펜 또는 색을 분류할 수 있는 삼색 볼펜 등으로 중요 사항을 손글씨로 표기하여 건네야 한다. 요점이나 주의사항 등도 우선순위를 한눈에 알 수 있게 그 자리에서 ①, ②, ③으로 표시해준다. 그리고 마지막으로, 설명한 날짜를 적어 환자에게 건넨다.

아무것도 적지 않고 그대로 자료를 건네면, 갖고 가더라도 들여다보지 않거나 때론 무심코 버리기까지 한다. 하지만 의사가 자료에 직접 손글씨로 적어주면 환자는 버리기 미안해서라도 집에 가지고 가서 다시 읽는다. 이때 핵심을 세 가지 정도로 압축하여 표시해

두면, 환자는 긴 자료를 전부 읽지 않고 표시한 부분만 봐도 중요한 내용은 모두 알 수 있다.

설명이 능숙한 의사라면 바쁜 환자를 상대할 때 핵심이 세 가지여도 '이것 하나만은 꼭 지킬 것', '이것 하나만은 꼭 준비할 것'이라고 즉석에서 자료에 적어 넣으며 강조할 수도 있다.

자료는 완전히 깨끗한 그대로 환자에게 건넬 게 아니라, 핵심과 우선순위를 한눈에 알 수 있도록 직접 적어서 건넨다. 이렇게만 해도 훨씬 이해하기 쉬워져 내용을 오해할 일도 사라진다.

자료에 손글씨를 넣는 기법은 일대일 대면으로 설명할 때뿐만 아니라, 여러 사람을 상대로 프레젠테이션을 할 때도 효과적이다. 나눠주는 자료의 핵심이나 그래프 등에 주목할 부분, 이미지에서 주시할 부분 등을 미리 화살표로 표시하고 단문으로 해설을 적어 넣는다.

지금은 컴퓨터상에서도 손글씨 모양의 서체로 입력할 수 있으니 컴퓨터로 편집해도 좋다. 다양한 서체는 물론이고 밑줄 긋기, 형광 표시 등의 기능도 있어 얼마든지 핵심을 강조할 수 있다. 그러면 강조한 부분이 눈에 띄면서 핵심이 일목요연해진다.

지금까지 설명한 방법은 되풀이하여 읽지 않아도 자료를 본 순간 핵심이 한눈에 들어오게 하는 것이 목표다. 일목요연하게 정리한 자료는 설명할 때 중요한 보충자료가 된다.

설명 내용이 적힌 자료를 건네기만 해서는
알기 쉬운 설명이 되지 않는다.

사람들은 결론부터 듣기를 원한다

꼼꼼하고 정확하게 설명해야 한다는 의식이 강한 사람 중에는 시계열에 너무 집착하여 순서대로 자세하게 설명해가는 사람이 있다. 그러나 이렇게 하다 보면 대부분 빙빙 돌려 말하느라 시간만 허비하게 될 뿐이다.

나도 회의 같은 데서 설명하는 사람이 "원래…" 또

는 "이것의 시초는…"이라고 말문을 열면 '결론부터 말하면 좋을 텐데'라는 생각이 든다.

'원래'로 시작하는 설명은 이야기가 앞으로 어디로 향할지 몰라 불안한 채로 이후의 설명을 들어야 한다. 당연히 결론에 이르기까지 상당한 시간이 걸려 도저히 간결한 설명이 될 수 없다. 역사 수업이 지루한 이유 중 하나는 오래된 시점부터 시대 순으로 진행되기 때문이 아닐까. 차라리 '왜 요즘 사회는 이렇게 되었을까?'와 같이 현재 시점에서 역순으로 가면 '전에 이런 일이 있었기 때문에', '그리고 그 이전에는 또 이런 일이 있었기 때문에'라고 설명할 수 있어 상대의 흥미를 끌어낼 수 있을 것이다.

시계열에 집착한다면, 그 역으로 설명하는 것도 상대를 이해시키기 좋은 기법의 하나라고 생각한다.

설명할 때는 기본적으로 목표 지점을 먼저 제시한 다음, 시계열에 너무 집착하지 말고 문제의 우선순위에 따라 진행하기를 권한다. 그래야 가장 이해하기 쉽다. "결론부터 미리 말하자면…", "이것만큼은 지금 결정했으면 합니다"와 같은 말로 우선순위가 높은 사항부터 이야기하는 방법이다. 듣는 사람은 마음이 급한데 '원래…'부터 시작하면 핵심을 꿰뚫지 못해 설명이 서툴다는 인상을 줄 수 있다.

물론 분쟁 처리 상담 등과 같이 정확하게 시계열을 밟아야 할 때도 있다. 그런 사항은 몇 월 며칠에 어떤 대화를 주고받았는지 자료로 정리해둔다. 단, 말로 설명할 때는 그 자료에서 벗어나 핵심과 우선순위가 높은 사항부터 다룬다.

시계열은 자료로 정확하게 정리해두는 대응이 최선이며, 실제로 설명할 때는 우선순위가 높은 것부터 이야기해야 설명이 빙빙 도는 것을 피할 수 있다.

목표 지점을 먼저 제시한 다음,
문제의 우선순위에 따라 설명한다.

실시간 검색의
이점을 활용한다

IT기술의 발달로 이제는 설명할 때도 전에 없던 도구를 사용하게 되었다. 대표적인 도구가 바로 태블릿이다.

나도 미팅 때 태블릿을 자주 사용한다. 뭔가를 설명할 때나 보충하고 싶은 내용, 상대의 질문에 대한 답 등은 즉석에서 바로 태블릿으로 검색하여 보여주기도 한다. 지금까지는 설명을 하는 도중에 보충할 게 있거나 질문에 답을 해야 할 때도, 내가 그 자리에서 알지 못하는 것은 "나중에 조사해서 알려드리겠습니다"라고 대답하는 수밖에 없었다. 그런데 지금은 태블릿으로 즉석에서 검색할 수 있고, 상황에 따라서는 그 정보가 있는 URL을 상대에게 메일로 보내 지금 페이지를 열어보라고 알려주기도 한다.

방송 관련 회의 때도 나는 태블릿을 지참한다. 물론 프로듀서 측에서도 마찬가지다. 도중에 조사할 게 있으면 서로 검색해가면서 회의를 한다. 이렇게 하면 즉석에서 자료를 신속하게 열람할 수 있고, 의사결정도 원활하게 진행되어 매우 효율적인 회의를 할 수 있다.

스마트폰 화면은 두 사람이 함께 보기에는 너무 작으니 A4 용지 크기 정도의 화면이 있는 태블릿이 적당하다.

수업에서도 즉석에서 확인하거나 실시간으로 검색할

때가 많다.

"그럼 지금 바이런의 ○○○라는 시를 검색해보세요"라고 하면 학생들은 모두 휴대전화를 꺼내 바로 그 시를 검색해 휴대전화 화면에 띄운다. 그리고 손에 쥔 휴대전화를 보면서 그 시를 낭독한다. 악곡이나 TV 프로그램도 말로 설명하기보다 바로 검색하여 유튜브로 보면 훨씬 이해하기 쉽다.

외국의 풍경까지 즉석에서 검색할 수 있는, 이렇게나 똑똑한 기기가 우리 손에 있는데도 설명할 때 활용하는 사람은 의외로 많지 않다. 나는 미팅 자리에서 '지금 스마트폰을 꺼내 검색하면 될 텐데'라고 생각한 적이 종종 있다.

요즘은 설명할 때 대부분 파워포인트를 사용하지만, 이미 만들어놓은 자료를 차례대로 보여주기만 하는 파워포인트보다 함께 검색하면서 "이 링크를 따라가 보세요" 또는 "그 그래프를 볼까요"라고 설명하면 듣는 사람도 더 흥미를 느낄 것이다.

설명은 무엇보다 함께한다는 느낌이 중요하다. 함께 같은 방향을 향해 손을 움직이거나, 함께 참가하는 형식을 취하면 듣는 사람도 자연스럽게 설명에 몰입하게 된다. '나는 설명하는 쪽, 당신은 듣는 쪽'이라는 관계가 아니라 함께 설명의 한 부분을 담당하는 관계를 만든다는 의미에서도 스마트폰과 태블릿은 매우 유용한 도구라고 생각한다.

설명은 무엇보다 함께한다는 느낌이 중요하다.
설명에 참가하게 하면 저절로 몰입하게 된다.

맺음말을 정해놓고 설명을 시작한다

　　　　　설명을 끝낼 때는 능숙한 맺음말이 필요하다. 이 책에서 소개한 포맷에 따라 설명을 구성하여 간결하게 설명하면 너무 속도감이 있어 상대의 기억에 남지 않을 수도 있다. 그런 사태를 피하려면 지금까지 한 설명의 중요한 부분을 정리하여 짧은 문구로 끝맺는 것이 좋다.

특히 간략하고 능숙한 설명이 되지 않았다면 내용이 왔다 갔다 중복되거나 초점이 빗나간 지점이 많을 테니, 마지막에 요점을 정리하여 간결한 문구로 재확인할 필요가 있다.

앞에서 설명했듯이, 설명의 구성 방식에서 서두는 핵심을 꿰뚫는 한 문구로 표현하는 것이 좋다. 그리고 마지막에서 이 서두의 문구를 다시 한번 사용한다. 어느 쪽이든 설명한 내용 중에 가장 중요한 것, 가장 전하고 싶은 것, 가장 기억해야 할 것을 간결하게 한 문구로 정리한다. 짧고 간결하면서도 리듬감 있는, 관용구를 살짝 비틀어 유머가 있는, 그래서 상대에게 깊은 인상을 주고 기억하기 쉬운 말이라면 맺음말로 손색이 없다.

나는 일이나 인생을 살아가는 힌트로 '미션, 패션, 텐션'이라는 문구를 자주 사용한다. 이 세 가지로 일에서도, 인생에서도 벽을 뛰어넘을 수 있다는 게 나의 지론이다. 그런데 이 세 요소를 '사명, 열정, 유쾌함'이라고 표현하면 어떨까? 상대의 기억에 별로 남지 않을 것이다. '미션, 패션, 텐션'으로 리듬감 있게 말함으로써 모두의 인상에 남는 문구가 되지 않았을까 생각한다. 이처럼 가장 전하고 싶은 부분을 기억하기 쉬운 문구로 나타내는 것이 중요하다.

이전에 니혼게이자이신문사로부터 강연 의뢰를 받은 적이 있다. 강연 전에 주최 측과 회의를 하고 강연 주제를 정했다. 마지막에 내가 주최 측에 물었다.

"이 강연에서 가장 전하고 싶은 것은 무엇입니까?"

그러자 '정보는 니혼게이자이에서'라는 문구를 꼭 전해달라고 했다. 이 문구도 매우 간결하게 전하고 싶은 것을 나타내고 있어 기억하기 쉽다. 당시 강연에서 나는 이 말을 맺음말로 사용했다.

이처럼 전하고자 하는 바를 응축한 맺음말은 설명에 들어가기 전에 미리 정해둔다. 정하지 않고 설명을 시작해 그냥 흘러가는 대로 마지막까지 가면, 약한 마무리가 되기 쉽다.

- "즉 ○○는 △△입니다."
- "한 번 더 확인하는데, ○○만은 꼭 기억해주세요."
- "끝으로, ○○할 때는 △△에서."

이상과 같은 문구를 미리 정해두고 그 문구와 이어지게 설명을 간략히 덧붙이면 꽤 괜찮은 마무리가 될 것이다.

가장 전하고 싶은 부분을
기억하기 쉬운 문구로 나타내는 것이 중요하다.

듣고 싶게 말하는 사람의 분위기란

　　　　　　듣는 사람의 마음에 남아야 비로소 좋은 설명이 된다. 그러려면 이 책에서 말하는 기술적인 요소도 필요하지만, 그에 못지않게 설명하는 사람의 인품도 중요하다.

　듣는 사람이 좋은 설명이라고 느꼈다면, 그 사람은 설명한 사람의 인품도 받아들인 것이다. 이유 없이 싫은 사람이 있다면 그 사람이 하는 설명은 절대 머리에 들어오지 않는다. 애초에 그 사람의 이야기를 들을 기분이 드느냐가 중요하다.

NHK 저녁 뉴스 메인앵커였던 다케다 신이치(武田眞一)는 실력과 함께 인품까지 갖춰 인기 아나운서의 자리에 올랐다고 해도 과언이 아니다. 그가 멘트를 하면 그의 성실한 인품이 느껴져 시청자는 들을 기분이 든다.

사람에게는 저마다 캐릭터가 있는데 일반적으로 누구나 좋아할 만한 요소를 들라면, 지적이고 상냥하며 호탕하고 명료한 화법에 성실함과 상쾌함 등이 있다. 또한 거친 말투를 쓰지 않고 되도록 부드러운 말투를 사용하는 것도 현대 사회에서 호감을 받는 부분이다. 거기에 웃음을 주는 유머 감각까지 갖췄다면 금상첨화다.

단, 다케다 아나운서 수준 정도면 아주 능숙하게 웃

음을 끌어낼 수 있지만, 보통 사람이 그렇게 했다가는 오히려 분위기를 망칠 수 있으니 너무 무리하여 웃기려고 하지 않는 편이 낫다. 환하게 미소 띤 얼굴로 밝고 경쾌하게 전할 수 있다면 그걸로 충분하다. 평소보다 기분 좋은 유쾌함, 그것이 설명력의 바탕이 되어야 한다.

불쾌한 얼굴로 설명하면 듣는 사람은 내내 가시방석이다. 설명하는 사람이 유쾌하면 듣는 사람도 긍정적인 에너지를 받아 호감을 느끼게 되므로 결과적으로 설명도 진지하게 들어준다. 성실하고 호탕하며 유쾌한 인품을 어필하는 것은 좋은 설명을 하기 위한 기본이라고 해도 좋다.

기분 좋은 유쾌함,
그것이 설명력의 바탕이 되어야 한다.

**말하는 사람이 긴장하면
듣는 사람도 불안해진다**

설명의 달인이 되려면 긴장감을 내보이지 않는 것이 무엇보다 중요하다. 긴장감이 드러나면 듣는 사람도 절로 긴장하게 된다. 설명하는 사람에게서 편안한 느낌, 친숙한 느낌을 받으면 듣는 사람도 기꺼이 귀를 기울인다.

큰 무대에서 프레젠테이션을 하는 사람은 엄청나

게 연습한다. 연습하면 할수록 잘하게 되며, 연습을 반복하면서 점차 익숙해져 최종적으로는 거의 긴장하지 않게 된다. 그러면 실전에서 청중에게도 그 차분함이 전해져 좋은 프레젠테이션이 된다. 이와 반대로, 몸이 떨리는 게 보일 정도로 긴장하면 자신이 없다는 게 고스란히 전해져 듣는 사람도 불안해진다.

만담가들을 떠올리면 쉽게 알 수 있다. 만담을 듣고 웃을 수 있는 것은 만담가가 숙달되어 있어 여유롭게 들을 수 있기 때문이다. 그런데 만담가가 '다음엔 이 이야기, 또 다음엔 저 이야기'라는 식으로 내용을 잊지 않으려고 긴장한다면 그 긴장이 듣는 사람에게도 전해져 웃음이 나오지 않는다.

요즘 흔해진 공개 코미디 프로그램도 마찬가지다. 보통은 객석의 방청객이 프로그램의 일부가 되는데 무대에 선 코미디언이나 개그맨이 객석의 반응에 휘둘리거나 긴장한다면 결코 웃음을 끌어낼 수 없다. 방청

객과 시청자들은 그저 안쓰럽다고 생각하거나 덩달아 긴장하게 될 것이다.

편안함과 친숙함은 능숙한 설명을 끌어내는 데 매우 중요한 요소다.

설명하는 사람에게서 편안한 느낌, 친숙한 느낌을 받으면 듣는 사람도 기꺼이 귀를 기울인다.

어설프게 웃음을 유발하려 하지 않는다

설명할 때는 불쾌감을 주거나, 비웃거나, 외설적인 소재로 웃음을 유도하는 일은 삼가야 한다. 또한 부정적인 화제나 독설은 프로 개그맨조차 실패할 때가 있으니 일반인은 절대 무리해서는 안 된다.

나도 특히 TV에서는 절대 무리하지 않으려 한다. 강연회에서는 간혹 독설을 끼워 넣을 때도 있지만, 그래봤자 아주 조금이다. 요즘은 강연회에서 실시간으로 녹음이나 녹화를 하는 분이 많아서 부주의한 발언이 큰 문제가 되기도 한다.

어떻게든 웃음을 유발하여 설명을 재미있게 하고 싶다면, 만담 콤비의 역할을 참고하자. 일본의 만담 콤비는 각자 '보케(ぼけ, 멍청한 사람)'와 '쓰코미(つっこみ, 돌진하는 사람)'의 역할을 맡는다. 보케는 일반인이 상상할 수 없는 4차원적 행동을 하고, 쓰코미는 그것을 받아쳐서 웃음으로 승화하는 역할이다.

웃음의 핵심도 지역마다 달라, 오사카에서는 보케 순간에 웃고 도쿄에서는 쓰코미 순간에 웃는다고 한다. 도쿄 사람은 상식선에서 자신도 쓰코미 역할과 생각이 같았다는 안도감과 함께 웃는 것이다.

설명 중에 웃음을 유도하려면 "사실 그렇게 재미있는 이야기는 아닙니다만 여러분이 굳이 듣고 싶어 한다면야"라는 식으로 우스갯소리를 끼워 넣어도 좋다.

단, 이것은 상당히 상급 기술이므로 웬만큼 자신 있

는 분이 아니면 권하지 않는다. 무리해서 웃기려 하지
말고 독설이나 과격한 발언도 삼가는 편이 낫다. 성실
하고 호탕하게 유쾌한 인품을 어필하는 것이 좋은 설
명을 하는 지름길이다.

부정적이고 불쾌한 화제는 피하는 편이 좋다.

설명할 때
주의해야 하는 말투

상대와의 상하 관계에 따라 말투가 확연히 달라지는 사람이 있다. 예를 들면 상사에게 설명할 때와 부하직원에게 설명할 때 말투가 달라지는 식이다. 하지만 앞으로의 시대에는 상하 관계를 지나치게 의식해서는 안 된다.

상대에 따라 말투를 적절히 바꿀 수 있다면 별문제

없지만, 말하는 본인은 그럴 의도가 아니었더라도 듣는 부하직원이 상사의 갑질로 느낄 만한 말투라면 이미 실격이라 하겠다. 동료나 부하직원에게도 상사를 대하듯 예의 바르게 대하면 공정한 사람으로 보여 주위의 평가도 높아질 것이다.

또 열심히 설명하다 보면 흥이 올라 자기도 모르게 말투가 거칠어질 수도 있다. 하지만 앞서 말했듯이 언제든 녹음이나 녹화가 될 수 있다는 생각으로 실언하지 않도록 주의한다. 다른 사람에게 설명하거나 가르칠 때는 설명하는 쪽이 듣는 쪽보다 위라고 생각해 무심코 거만한 말투가 나올 수 있으니 주의가 필요하다.

요즘에는 설명할 때 약간 빠른 듯한 말투가 반응이 좋다. 다만, 이것은 각자의 스타일이 있으니 직접 자신의 말투를 녹음하여 들어보고 자신을 어떻게 어필할지 생각해본다.

나는 목소리가 고음에 어릴 때부터 말이 빨랐다. 나의 이 높은 목소리로 천천히 말하면 오히려 이상하다.

이와 반대로, 목소리가 저음인 사람은 빠르게 말하기보다 천천히 말하는 것이 더 어울린다. 이런 말투는 신체적인 부분과도 관련이 있으니 개인에게 맞는 속도와 리듬을 찾도록 한다.

자신의 말투를 녹음하여 들어보고
자신을 어떻게 어필할지 생각해본다.

개인적인 부분을 드러내 신뢰를 얻는다

요즘에는 연예인이라 할지라도 "저는 이렇게 생각해요"라고 자신의 의견을 당당히 밝히는 사람이 인기다. 누구나 할 수 있는 일반적인 말만이 아니라 개인적인 의견을 펼치며 사적인 부분을 보이면, 그 발언에 사실감이 느껴져 보는 사람도 공감한다. 인간적으로 다가오기 때문이다.

예를 들어 아무리 AI(인공지능) 기술이 발달했어도 인격이 없는 AI가 코미디를 하면 별로 재미있지 않을 것이다. 생명체인 사람이 코미디를 하니까 그 사람의 인간성이 거기에 녹아들어 재미가 있는 것이다.

설명을 할 때도 마찬가지다. 누가 하든 똑같은 설명이라면 듣는 사람의 마음을 움직일 수 없다. 설명에 '자기다움'을 적절히 더해야 한다. "나도 이 상품을 사용하는데…", "내가 실제로 봤더니…", "내가 이전에 다니던 회사에서 있었던 일인데…"와 같이 사적인 면을 설명에 버무리면 사실감이 생겨 듣는 사람도 이야기에 빠져든다.

아무리 논리정연하고 간결하게 설명하더라도 상대의 마음을 움직이지 못하면 단순히 설명 기술만 뛰어난 사람에 지나지 않는다. 상대의 마음을 움직여 뭔가를 하게 하는 설명력을 갖추기란 그리 쉬운 일이 아니다. 설명하는 사람의 인간성과 민낯이 상대에게 받아들여지고 호감을 줬을 때, 비로소 설명은 사람을 움직이는 힘을 갖는다.

결국, 설명이 받아들여지느냐 아니냐는 그 사람에 대한 믿음에 달려 있다. 그 믿음의 바탕은 대부분 성실함이다. 즉 설명력은 최종적으로 설명하는 사람의 성실함이나 사람됨 같은 기본적인 부분에 좌우될 때가 많다.

나의 지인 중에 사람의 마음을 움직일 만큼 엄청나게 설명을 잘하는 사람이 있다. 문제해결에 천재적인 능력이 있어 어떤 문제 제기에도 탁월한 판단력으로 말끔히 해결한다.

그게 가능한 이유를 생각해보니 역시 가장 큰 요인은 그의 성실함이었다. 상대와 대적하지 않고 가까이서 정중하게 경청하고 항상 진실하게 생각하는 자세, 늘 상냥하고 정서적으로 안정된 분위기 등이 '이처럼 성실한 사람에게 더는 문제를 제기해서는 안 되겠구나!' 하는 분위기를 자아내 상대의 마음을 움직이는 것이다. 그에게서 문제해결의 경위를 전해 들을 때마다 그 완벽함에 감탄하게 된다.

평소 문제를 간략하게 정리하여 적확한 말로 상대에게 설명하는 기술을 훈련하고, 상냥함과 성실한 인품을 함께 갖췄을 때 사람의 마음마저 움직이는 설명의 달인이 된다.

설명이 받아들여지느냐 아니냐는
설명하는 사람에 대한 믿음에 달려 있다.

요령껏 말하면
내 말이 먹히기 시작한다!

훌륭한 설명은 주위 사람들을
행복하게 한다

이 책을 마지막까지 읽은 당신은 설명력이 어떤 능력인지를 확실히 이해하고, 그 능력을 향상시키는 방법까지 알게 됐으리라 생각한다. 지금부터는 일상생활이나 비즈니스 상황, TV를 볼 때도 설명하는 사람을 만나면 그 사람이 군더더기 없이 깔끔하게 설명을 잘하는지 어떤지 바로 깨달을 것이다.

어떤 설명이 훌륭한 설명인지 이해하는 것은 설명력을 향상시키는 데 빠트릴 수 없는 요소다. 맛있는 요리를 만들려면 먼저 맛있는 요리를 먹고 맛을 알아야 하는 것과 같다.

설명의 고수를 만나면 앞으로는 꼭 "멋져요!"라고 칭찬해주자. 책을 읽다가 멋진 설명과 마주했다면 "복잡한 내용을 이렇게 간결하게 설명하다니 대단해!"라고 칭찬하자. 장편 드라마의 첫 회부터 마지막 회까지 줄거리를 잘 정리한 글을 읽었다면 "줄거리 요약 능력이 정말 훌륭하군!" 하면서 감탄사를 연발해주자.

설명의 달인이나 설명이 잘된 책, 영화, TV와 만났다면 칭찬하는 것이 중요하다. 설명을 잘하는 사람은 진짜로 세상을 위하고 주변을 행복하게 해주는 사람이다. 그들에게 경의를 표할수록 자신도 설명력을 키우는 데 동기부여를 받을 수 있다.

설명을 탁월하게 잘하는 사람에게 칭찬하는 습관을 들이면 평소에도 설명력을 의식하게 된다. 지금까지 별생각 없이 해왔던 설명을 의식하기 시작하면, 당연하게도 설명력이 향상된다. 앞으로는 훌륭한 설명을 칭찬하는 습관을 들이자.

이 책을 참고하여 설명력을 향상시켜 주위 사람들과 더 나은 인간관계를 형성할 수 있다면 저자로서 더할 나위 없는 기쁨이 될 것이다.

똑 부러지는 사람으로 기억되는 사소한 말습관
1분 설명력

제1판 1쇄 발행 | 2020년 6월 19일
제1판 5쇄 발행 | 2024년 4월 26일

지은이 | 사이토 다카시
옮긴이 | 장은주
펴낸이 | 김수언
펴낸곳 | 한국경제신문 한경BP
책임편집 | 윤혜림
저작권 | 박정현
홍보 | 서은실 · 이여진 · 박도현
마케팅 | 김규형 · 정우연
디자인 | 권석중
본문디자인 | 디자인 현

주소 | 서울특별시 중구 청파로 463
기획출판팀 | 02-3604-590, 584
영업마케팅팀 | 02-3604-595, 583   FAX | 02-3604-599
H | http://bp.hankyung.com   E | bp@hankyung.com
F | www.facebook.com/hankyungbp
등록 | 제 2-315(1967. 5. 15)

ISBN 978-89-475-4592-1   03190